斑馬線
Zebra crossing Publishing

寫作門診室

趙文豪 著

**寫作不難，
難的是如何面對寫作遇到困難**

學會說清楚一件事，在標準答案之外，
在讀者心裡留下溫度，學會把一件事說得精采。
學會用文字力，增加價值。

目錄

推薦語

《寫作門診室》務實派之首，看完立刻上手，70%變好手，剩下的，變高手

——小說家許榮哲

學生寫作文最容易出現的問題，老師教作文超有效的解決方針，全都在這本《寫作門診室》裡頭！教你怎麼寫作也教你怎麼教學，是一本老師可以看，學生更要看的專業好書！

——喜閱樹閱讀思考教育負責人梁虹瑩老師

48個寫作症狀，48個緩症撇步，人人都需要的寫作力，讓你的靈感源源不絕。

——奇異果文創創意總監劉定綱

第一篇

連下筆都不知道怎麼做才好……

症狀1 不知道如何開頭的時候，該怎麼辦？

小明最害怕的課程就是「作文課」。

倒不是因為寫字很麻煩，而是因為每次老師一旦發下一張滿滿格子的作文稿紙，他的腦袋就跟著一片空白。因為小明，總是不知道該寫些什麼？

於是他害怕被當做不認真，或是不願意去寫。看著其他同學低著頭振筆疾書，他抬起頭不知該如何是好的眼神，剛好與在講台上的老師四目相接。於是他便趕緊低下頭，在稿紙上寫上……名字與作文題目。

後來，他每次最快填上的，就是他的名字跟作文題目。「作文課」成為他的噩夢，看著身邊同學大寫特寫的時候，他只能望著黑板發呆……。不知道該從何開始寫。

解方 請你跟我這樣做

寫作需要豐富的想像力與邏輯性，把文字化為畫面，讓人知道自己在寫的是什麼？然而，有時候說話很簡單，但一遇到寫作文，便會感到不知道該寫什麼的窘況。而這樣的情形又大致可分作以下三種：一、不知道如何開頭，覺得怎麼下筆都不對，寫了又擦、擦了又寫，橫豎都覺得不對勁；一個是文章寫到一半，才發現不知道怎麼接下去？還有一種是，準備要結尾了，才發現不知道該怎麼做結論。

一般命題的形式，可分為帶有寫作說明的「指引式命題」與「單獨命題」。「指引式命題」除了題目之外，還會附有一小段的說明作為補充，也是現今升學考試最常出現的形式；「單獨命題」則是經常在作文練習或國語文競賽中所出現的方式，自由讓創作者去發揮，沒有給予任何的提示。在此，本節先以開頭作為討論的重點。

正常來說，看書會從第一頁翻起，看一篇文章也會從第一行看起，而許多老師在替一篇文章打分數，也會在首段就在心中為它訂下基礎分數。在這個時候，我們可以選擇採用「破題」（開門見山）或「冒題」（埋兵伏將）的方式來寫。以〈常常，我想起那雙手〉為例，「常常，我想起那雙布滿皺紋的手，那是父親的手，也是他一輩子致力在建築裝潢的證據。他的夢想，就是替人打造一個個溫馨而兼顧的家。」上文直接明寫「那雙手」，這是破題法，直接點破題意。

另外就是「冒題法」，只看文章開頭，乍看題目未必扣合題目。但隨著脈絡開展，逐漸引出全文的主題。舉例來說，如果文章轉得高明，或以回憶溯往的方式書寫，或用據理論說的方式陳述，舉例來說，依然以〈常常，我想起那雙手〉為例，可以從回憶來切入，「回憶，是心理最好的治療師，可不是容貌最好的美容師。」緊接著，從情感帶出往事，引申出回憶裡那印象最深刻的那雙手，原來是奶奶那雙被病痛折磨的手。「還記得在童年的時候，奶奶的大手緊緊包覆住我的小手，她和藹的微笑真的就像陽光般地溫暖。後來因為父親的職業搬離老家，和奶奶見面的時間也少了……印象最深的，是她那和藹的微笑，即便多了好幾道充滿歲月痕跡的皺紋，我的手緊緊包覆住奶奶的手，感覺她因為病魔折磨，變得好累好累」

最後，看清題目與題旨是非常重要的事，如果一開始就離題，失之毫釐差之千里。在這部分，是絕對值得需要注意的。

❖ 換你來試試看

親愛的朋友，看到老趙給的一些例子，是否你也能對寫作有多一點的認識呢？切記，寫作沒有標準答案，但有是否適切的文字。適不適合，或寫得好或不好是非常主觀的。經常有朋友會問到說，那該怎麼寫會比較好呢？

當你看到這個句子明顯比另一個句子來得深入、優美的時候，懂得去體會、比較，自然能從句子裡感受到它的獨特。自然也就能回到自己的文章，去告訴自己，如何書寫會來得更好。

接著，邀請你用以下的兩個題目選擇其一，來試著寫寫看：

〈一次失敗的經驗〉、**〈令人難忘的一次合作經驗〉**

重點：練習你的開頭。

一百字內，含標點符號

症狀2

如何寫出一個好開頭？

根據批改的經驗，「今天」、「我」、「在好久、好久以前」……佔據了絕大多數的開頭。因此，顯得浮濫的開頭法，容易在讀者心目中留下一個「怎麼這篇又一樣」的印象，尤其在時間或字數有限定的狀況，便顯得可惜。

在之前，我們曾做過，如果不知如何開頭可以怎麼做。在這裡，我們則是談到寫出一個與眾不同的開頭。就像是前面所說的，使用比喻是一個好方法；或者也可引出名言佳句來作為開頭。接下來，讓我們來看看可以怎麼運用？

解方 請你跟我這樣做

如果今天的題目是〈我的未來不是夢〉，我們可以運用在上題說過的比喻作為開頭：「路，像一枝枝射出去的箭。」來表達自己的雄心壯志，接著寫出人生就像那枝射出去的箭，起走便決定了方向，時間不會回頭。

聰明的你，再讓我們用前面的比喻為題，題目如果是〈上學途中〉、〈面對未來，我應該具備的能力〉、〈來不及〉，是否也能運用上方的比喻方法來寫呢？

答案是，可以的。我們同樣都能使用「路，像一枝枝射出去的箭。」作為開頭，然後在〈上學途中〉的部分，我們可以用「路」來帶出人生周遭風景；在〈面對未來，我應該具備的能力〉，則可以描寫自己在為那些「一枝枝射出去的箭」而瞄準紅心目標前，所需做的準備；在〈來不及〉我們可以接著寫路與時間都是一去不回頭的。

聰明的你發現了嗎？這就像數學公式一樣，即便是不同的題目，都可以使用，但不能死用，要懂得活用與變化，尤其不能只為了表現自己的詞藻功力而辭不達意。

然而，如果是使用引用的話，則有兩件重要的事情要注意。一件是一定要跟題旨有相關，不要單純引用然後接下來寫的跟引用的話風馬牛不相及；另一件則是盡量避免老生常談，不要寫到那些使用相當浮濫的名言佳句。例如寫「失敗為成功之母」為一例，後面的實例除了寫到遭逢挫折的經過之外，一定要加上領悟到什麼道理，然後「讓自己不一樣」，這個蛻變的過程，往往是勵志的文章或作文比賽中最能吸引讀者或老師注意的文章。

甚至，我們還能將引用加以變化，例如剛才說的「失敗為成功之母」，我們可以加述成功絕非偶然，他們是因為因為「失敗」，才有「成功」的存在。

寫作測驗的評分規準，通常主要有四項如下：「立意取材」、「結構組織」、「遣詞造句」、「錯別字、格式與標點符號」。

常見問題

- 太口語化
- 用太多語助詞，例如「了了了」
- 舉例可多描寫
- 盡量單一標點不要單獨成行

• 邏輯辨正

一直都是第一名，這次竟然僥倖考到第九名。

• 連接詞

「因為、所以」或「然後然後然後……」

❖ 換你來試試看

現在，讓我們來試試看，如果題目是〈**常常，我記得那雙手**〉，你能如何分別透過譬喻以及引用，來為一篇文章加分。

症狀3 到最後，反而不知道怎麼結尾？

好不容易，文章到了差不多的篇幅可以作結了。這種時候會有兩種情況：一種是欲言又止；一種情況是不知道該寫什麼結尾。

老趙經常用影片來舉例，通常一部精采動人的電影，除了開頭至少要做到吸引人讓人想看下去；在片尾而不能老生常談而落入俗套，而是帶來驚喜，或是畫龍點睛。

聽起來很困難，實際上若前面的文章都相當紮實，結尾就不是難事。困難的是，怎麼作一個好的結尾。

解方 請你跟我這樣做

通常作文的開頭，決定這篇文章分數從幾分開始起跳，結尾則決定了這篇文章的高度與分數。許多人的作文分數，如果在中高徘徊，難以攀頂，通常「結尾」佔了非常大的因素。如果是虎頭蛇尾，不妨考慮運用前後呼應法、或引用法；如果是欲言又止，越寫越多，這個時候不如使用總結歸納法。

引用法指的是在文章最後引用名言佳句，找出名人為自己的話站台。例如談到勵志，可引用英國大文學家莎士比亞曾說過的「每一個噩運的種子，包含的都是未來豐盛的果實」；面對逆境也可試著使用孟子曾說過的「生於憂患，死於安樂」，中西式兩相宜，惟要特別注意的就是切忌文不對題或直接抄寫題目給的提示，或是使用到已經用到浮濫的句子。

前後呼應法的話，就是使結尾與開頭相互呼應。文章開頭提出作者的想法，隨著文章的展開，中間可能講述故事或經驗，而演變出後面的結論。這個結論，勢必呼應開頭，例如講到「珍惜光陰」，前面的文章可能說到光陰一去不復返，中間可以引用許多例子，但最後便可以導到珍惜時間的重要性。結尾則呼應開頭，時間就如金錢，不可揮霍無度，便善用它們讓自己成為更好的人。

總結歸納法則是總結全篇文章的主旨，歸納出一個綜合的結論，譬如常見的「總而言之」、「所以」、「從這裡我們知道」……等的用詞，提醒讀者注意，為前面的文章作出總結。

❖換你來試試看

緊接著，親愛的朋友，請你為這篇文章作出結尾。

提醒：題目是**〈我的暑假作業〉**，主角是剛回到鄉下老家的第一人稱「我」，因為外面的大自然風景與天氣吸引，臨時決定出發的旅行。這趟旅行，遇到了什麼樣的驚喜？你是否能透過這趟旅行，連結自我的經驗與想像力，並為人們的互動，增加一些趣味性與合理性。最後在前後呼應之外，進而總結這篇文章的結尾。

〈我的暑假作業〉

在暑假期間回到山上老家的我，躺在床上，看著窗外的金黃陽光灑落在我的房間；微風吹入，米白色的窗簾微微掀起，如振翅欲飛的蜻蜓，吸引我的目光，隨後從床上跳了起來，決定以「冒險」作為今日給自己的作業。

跟外婆借了淑女腳踏車，一邊騎著，一邊看著身邊的青田鬱林，臨時決定在一個陌生的車站下車，不為自己設下目的地，好好享受這午後時光。

看到遠方鄉民對我熱切的揮著手，起先是為他們的熱情感到溫暖，隨後看到前方幾隻大狗正惡狠狠地盯著我看，於是上演了「人狗百米賽跑」！

症狀4

是否看得懂題目在說什麼

對於學習自己的國語長大的人而言，比較不像考外文那樣需要背誦單字、或是測驗文法。換句話說，寫國文考卷應該就像喝水那樣簡單；但是，越看起來容易的事情，其實越不容易。英文零分的雖比國文零分的多出許多，國文的作文要考滿分的機率往往比英文作文考滿分的來得少。

因為越是看似簡單，往往就越會忽略，或是被審慎檢視。老趙經常以游泳來比喻學習國文，明明四周都是水，游得很累的時候我們還是不能輕易地就喝游泳池的水，這就像是國文考試時，如果把他們每一個字詞分開來看，我們大多都看得懂，一旦組合起來被換句話說，有時就抓不到題目要問的重點。

在這個時候，面對寥寥幾字的題目，更是要細心面對。

解方　請你跟我這樣做

舉例來說，題目是**〈我在成長中逐漸明白的一件事情〉**。這是二〇一一年基測的作文題目，根據後來的批改意見，許多考生在寫這篇作文時，寫了在成長經驗時所遭遇的一些事情，或是將事情的來龍去脈都交待得十分清楚，最後卻沒有提到學到什麼？在經歷了那些事情之後，有什麼不一樣？

因此，我們先試著從題目來找重點，那就是「我、在成長中、逐漸明白、一件事情」。

這篇作文的主詞就是以「自己的」經驗作為出發點，所謂「在成長中」與「逐漸明白」，指的就是在這段過程發生了什麼事情？讓生活產生了什麼樣的轉變，於是改變過去既定的想法，這絕非是原先就了解的道理。其次，題目說「一件事」，那就是聚焦在一件事，絕不要模糊焦點。最後在回到題目，告訴讀者在學習這個道理之後如何面對未來。

同理來說，如果題目是**〈可貴的合作經驗〉**。重點就是「合作」、「經驗」。經驗來自於自己在漫漫人生中印象深刻的事情，合作則是可以透過舉例，從友情或同袍情誼來驗證合作力量大。例如接力比賽，需要每個人全力以赴以外，每一棒次的安排都有學問，第一棒需要氣勢凌人、第二棒接續下去，中間棒次的累積與末棒的衝刺，棒棒都是關鍵。在經歷無數次的練習，接棒的時機掌握，可能在練習時彼此意見不合，但重點是比賽那天大家齊聲一氣。儘管目標可能未盡人意，但重點是在這段過程，情感的敘述與感觸的體悟，就是這篇文章的關鍵。

❖ 換你來試試看

「題有題眼，文有文眼」。揭示題目的寫作重點，表現感情的色彩，也就關鍵字所側重的地方。例如：〈一**次難忘的考試經驗**〉、〈**影響我最深的一句話**〉、〈一**張舊照片**〉中，你能否找到他們所要表達的重點，圈起關鍵字，並且可試用五十字來說明這些文章的大意你想如何發展？

〈一次難忘的考試經驗〉

〈影響我最深的一句話〉

〈一張舊照片〉

症狀5

論說文可以怎麼寫

在古典小說《三國演義》中，有許多的經典橋段讓人回味無窮，包含正史中沒有記敘到的「空城計」、「草船借箭」，諸葛亮的急智讓人為之稱道。然而，在「諸葛亮舌戰群儒」中，他一個人來到異地江東，用一張嘴，說服當時趾高氣昂的孫權，說服敵國眾臣，力促與蜀國劉備結盟，力抗曹魏。當然，除了當時的情勢之外，最主要靠的就是以理喻之，以情動之，要言不煩，應對敏捷。

寫一篇優秀的論說文，就像是蓋一幢根基穩固的屋子，把道理講清楚。然而，論說文最重要的不該只是為了議論而議論、為了反駁而反駁，而是要帶有自己觀點的文章。試想，如果今天讀的一篇文章，作者為了想使讀者認同自己的觀念，不斷老調重彈，並且不斷重複自己的用意，比如說「常用手機打電動會近視」這件事，作者不斷地說因為常看手機對視力不好，所以會導致近視，於是就呼籲讀者停止用手機玩遊戲的行為。親愛的朋友，您覺得這樣讀者會輕易接受嗎？

或許對於原本就認同理念的人會比較容易接受，但直接就用結論想去說服人，而缺乏中間的思考與事例的舉證，那樣的論點並不足以容易使人信服。因此，如果我們能夠中間提出，現在的學童有多少比例已經戴眼鏡了，可能跟手機使用過度有關，短暫期間不會感覺到視力的差異，但這樣的病症可能會影響到將來的生活，甚至導致失明；另外，我們也能試著動之以情——手機可能是許多人現代的好朋友，裡頭的世界五花八門，但經常讓人忘記身邊的親朋好友才是真實的，外頭的好風景才是真正可以讓我們接觸到的；電源關掉了以後，手機裡的世界終將消失，但真實的世界才是我們能夠觸碰到的，人與人之間就像是一條無形的絲帶所繫著，更何況即便是網路的好友，絕大多數還是活在真實世界的人。或許以上的舉例還不是最好，但我們能透過常識的結合，或是新知識的宣導，一篇論說文就像是邁向終點（寶礦）所做的藏寶圖，而佈滿的線索（論點），則讓我們能夠接觸到不同的思維與視野。

解方 請你跟我這樣做

論說文大多可分為以下兩類：一種是帶有議論性質的論說文，主要能夠有舉例佐證，支持自己的論點，辯駁相反的意見；另一種則是帶有說明性質的論說文，主要是事理的解釋。

論說文可用先敘後議或夾敘夾議的方式進行。這樣的文章可從主觀的個人感受，加以抒發自我的體悟，或能客觀用同理心看待，增加文章的說服力。如果要寫一篇擲地有聲的論說文，不妨引用古人或時人的名言佳句，透過他們的肩膀來看世界，用他們的聲音來為自己文章加重力道。但書到用時方恨少，平時就需要多加記憶或背誦文章。不過切記，面對考試的時候，盡量不要讓文章引導到負面或消極意義的結尾。

如果是要寫命題的文章，論說文的命題有時會是雙重主題，我們必須先觀察兩者之間的關係是誰輕誰重、或是並重、或是對立關係。舉例來說，「謙虛與自滿」是對立關係；「富有和有錢」則有輕重之別，一個是心理與物質、另一個則針對物質；「勇敢和智慧」則為不互相牴觸的並重關係。

而論說文則又可依照寫法分為破題法或冒題法。如果要選用開門見山的破題法，不妨使用具有力道的句子。例如談論知識，「知識是智慧的火炬，帶領我們看清歷史與自己的方向」做為開題；例如談論謙虛和自滿，「滿招損，謙受益」也可以當作開題。

論說文牽涉的不只是寫作，而是如何舉例、詮釋、進而說服讀者。講求一項老生常談相對是容易很多，但有時我們想得到，每個人也都容易想得到。例如熟能生巧這件事，我們可以很輕易地舉出自己在學習經驗裡的運動或考試，但如果我們能推論到自己的父母，或許也是我們當子女的生下來，他們才開始有擔任家長的經驗，運用同理心，藉此引申出更深刻的體會。

❖換你來試試看

如果今天你需要去告訴他人，「考試前必須要念書」，你能夠如何用兩百字的文章去說服他人？不論是可以從自己的生活取材，或是聽聞他人的事蹟，都可以作為範例。

或者，你能否用兩百字，去宣導一項你喜愛的事情（健康、積極的為主），你能夠用這件事情的優點，去說服我們持續支持著你持續喜愛這件事情。

症狀6

遊記可以怎麼寫

老趙小時候非常喜歡參加戶外教學，那代表可以離開上課的教室去看看外面的世界；但是參加戶外教學，往往也是心中的擔憂，因為老師會要求要交一篇遊記。說真的，參與的內容可能與其他人大同小異，不就是出發、遊玩、吃飯、中間還有上廁所、最後回到溫暖的家……。這篇文章大概就結束了。

遊記，如字面上說的，指的是遊樂與記敘，如果只是為了湊字數而拼湊內容，那是非常可惜的事情，因為同時在練習的，是我們如何能講好一則故事，並能把這則故事說得更精彩！

無趣的遊記，通常都是缺乏動靜態的描寫，就只為了交代清楚而平鋪直敘地寫，包括每件事情的起承轉合。簡單來說，遊記就是在練習敘述，在敘事的過程中，不妨就利用倒敘，比方說從回家開始寫起，慢慢從觸動到某些物品，而開始寫這次旅行的回憶等。除了沿途所見所聞的敘述之外，可以以看到景觀來抒情，表達參與的心情與感想，簡單的幾個步驟。

解方 請你跟我這樣做

就像是大多數的寫作，絕對不是流水帳，需要適當的剪裁與安排「人事時地物」的處理，並透過摹寫等修辭技巧，使內容更為豐富，有些遊記可以佐以相片圖文並茂。

除了加上此次出遊的原因與主旨之外，我們還能加上「互動」及旅途中的故事。從大家是為什麼而去開始講起，在這趟旅程又發生了什麼樣的插曲，當然主題還是要放在此次出遊所觀賞的景觀，或許可以連結自我的記憶，例如曾經有參訪過類似的景觀，結合自我過往的經驗，這樣就會讓這篇遊記獨一無二。若談到遊記的幾個層面，大致可分為以下：

㈠自然景觀。我們能著墨在大自然的鬼斧神工，例如太魯閣峭壁的壯闊與開朗，或是等待阿里山日出的緊張心情。記得四季的變化與當下的氣候都會讓景觀有所不同，最後還能加上自我的感悟。

㈡遊樂園。這部分能寫玩了哪些遊樂設施？有些可能是最喜愛的，有些則令人卻步，不論是自己或邀約朋友參與遊玩，都能夠觀察到不同的有趣反應。這部分還能與記憶結合，例如上次玩的時候可能是跟家長、或其他同學，是在自己幾歲的時候，而現在的自己已經有所不同。

㈢博物館。這部分能夠加上許多兼具知性的參觀資訊，例如到動植物園的參觀能夠了解對象的品種為何，輔以地理知識，了解他們的起源；到博物館或美術館，則能夠寫出展出者是誰，結合歷史的知識，訴說他們的源流。

當然，以上的資訊都能夠做為參考，並且能夠交叉並用。去遊樂園也能寫到人生的感悟，可能看到旋轉木馬，想到生命的循環；遊玩雲霄飛車想到人生的命運轉折驚險萬分，最後卻回歸平靜。不論怎麼寫，最重要的是抓到的重點是想要「寫景」或「寫情」，最後能夠引導讀者到自己所書寫的天地，並非僅是想把自己出遊的心情與紀錄一股腦全部記下來而已。

❖換你來試試看

從上文提及的三種遊記層面：自然景觀、遊樂園、博物館。是否能選取其一，能夠用約四百字，寫出一篇兼具寫景與寫情的遊記，除了記述出遊的本身外，試著帶出一些對於人生的啟發。

症狀7 下課十分鐘或放學途中發生了什麼事

通常在寫關於〈下課十分鐘〉或〈放學途中〉題材的作品，很容易變成一篇流水帳般記錄生活的文字。把可能會寫得瑣碎的東西，變得深刻不是那麼容易的事，再進一步來說，那就是這種題目容易「大同小異」。

發揮你的觀察力，在下課鐘響之後的十分鐘，教室內外有沒有什麼不同？發生了什麼事情？簡單地說，通常不外乎與人聊天、去福利社、上廁所、趕寫作業、以及跑去操場打球等。

解方 請你跟我這樣做

例如，寫〈下課十分鐘〉我們可以對比「上/下課」、「教室/家」……在中小學時期的我們，有大半的時間是在教室生活與學習。對比上課時，通常是有秩序地聆聽老師上課，雖然下課時間極為有限，卻是顯得更活潑，就像上文提到的，可以做相當多事情，或者可試圖結合畫圖的方式記錄，可能有人仍在教室學習、有人在做掃除清潔工作、有人在罰寫剛才不會的東西、有人在準備考試而緊張，而操場總是在下課十分鐘，迅速湧滿人潮，並且鬧哄哄的。不要只是一筆帶過，而是能從每個團體做不一樣的事情寫起。而如果是〈放學途中〉身邊景色的四季變換都是題材，試著去觀察街頭小吃店或平常愛買的點心攤販，他們會不會又有什麼樣的故事可以書寫呢？例如放學途中總會經過一位騎著三輪腳踏車，賣著車輪餅的阿伯，我最愛吃的就是那甜滋滋又稠密的奶油口味，那是屬於兒時甜蜜的記憶……

然而，相對於上課時，下課是比較悠閒的心情，除了以上的摹寫之外，這樣就多了「心境」的描寫，比如自己對下課的喜好或厭惡為何？

在「心境」的感受上，每個人寫的〈下課十分鐘〉都會有所不同。接著，就是某日的見聞。例如某天的下課，可能因為整天不舒服都沒進食，然後又因天熱中暑，突然在要走去廁所的路上就感到天旋地轉，隨即就昏倒在地上。然後聽到身邊同學聲音的呼喊，好像自己已置身在外太空，然後將自己拉回地球表面的手，原來是平時看起來來嚴厲的老師，而我早已躺在保健室裡，身邊每個同學的神情看起來都非常緊張……這些都是屬於個人特別的經歷，可增添這種文章的獨特性。

不妨可以增加自己對於「下課」的省思。例如自己因為這樣學會利用時間，在短短十分鐘內，可以學會自主安排該做什麼事情？或者希望下課時間可以延長，讓自己可以做更多學習的探索或看課外書等。寫〈下課十分鐘〉或〈放學途中〉的文章，絕非只能寫成像流水帳式的文章。

❖換你來試試看

接著，換你用兩百字來寫出**〈下課十分鐘〉**或**〈放學途中〉**吧！在完成之前，讓我們再複習一次：首先，我們先寫出自己的觀察，試著去描寫那些有哪些活動，包括表情容貌、動作等；並能夠在裡頭有對比，增加景象的層次，有動有靜、有團體有個人。其次，可以寫心境感受，見聞與經歷，並最後能夠提出總結，提出自己的觀點看法。

症狀8 學著訂題目

題目對於一篇好的文章，帶有畫龍點睛的效果。

有時，寫作會遭遇到自訂題目的情形，有了文章的主題與標準格式之後，題目往往令人難以下手。難的不是寫不出來？而是怎麼去訂一個合適的標題？例如，我的母／父親、我的夢想等文章，如果只是上述的題目，可能顯得太過籠統。

題目有時也像新聞的標題，戲劇或電影的片名，可以讓觀賞者一眼就開門見山地了解內容是講些什麼？或是語帶玄虛地暗埋伏筆，直到最後一刻才揭曉。像是朱自清著名的文章〈背影〉，作者寫出用多層次的心理變化，描寫出面對父愛時，從敘事者自以為是的心態，慢慢轉變為感同身受地疼惜父親，「背影」寫的是回憶著最後在車站裡頭看見父親離去的身影。但是假若這篇文章的題目，改為〈我的父親〉，可能就會落入俗套，沒辦法像「背影」那樣令人印象深刻。再舉一個動漫的例子，日本動漫《七龍珠》點出系列作品的重點，以湊滿七顆龍珠即可召喚神龍許願，因而產生一段段的冒險旅程；但如果說，題目以主角孫悟空的名字也將作品名稱稱作《孫悟空》，可能會跟吳承恩的小說《西遊記》產生混淆。順帶一提，台灣有許多電影片商，在取電影片名時，相當喜歡通用一些名稱，讓觀眾有熟悉感，像是「神鬼」、「第六感」去描寫一部電影片名，就是希望讓觀眾留下深刻的印象，姑且不論效果如何，至少都會有一定的討論度。當然也不乏出現許多詩意的題目，像是〈海邊的曼徹斯特〉、〈大亨小傳〉、〈樂來樂愛你〉……等影片名稱。

由此可見，題目非常容易決定一篇文章內容的第一印象。

解方 請你跟我這樣做

要寫題目，一定要對內容非常熟悉。

更重要的是，題目絕不能只是虛晃一招，跟作品的內容沒有太大的關聯。如果明確地直指內容主題，就要寫到血肉，例如國中國文的課文〈雅量〉，文章都是圍繞著同一個主題去申論、舉例。再來，也盡量避免落入俗套的題目，例如〈我的父親〉、〈我的母親〉等，但別忘了我們提過，「合乎邏輯，出乎意料」，也是一種方式。能夠運用刻板印象，製造意外的效果，例如印度電影《我和我的冠軍女兒》導演在男權極度伸張的印度裡，用「女兒」為性別平等發聲。

此外，我們可以訂題目的方式還有：雙關、象徵物品、一句充滿詩意的話或其他令人意料之外的題目。使用雙關的題目，例如周杰倫的知名歌曲〈星晴〉和「心情」的諧音關係，〈聲音鐘〉的語義雙關；象徵物品則如洪醒夫的〈紙船印象〉寫母愛，在〈酸橘子〉一文強調等待的重要，並以「酸橘子」象徵苦澀的青春。

記得，好的題目能提供和文章連結呼應的效果。切記要發揮觀察力，為文章訂下適宜的題目。

❖ 換你來試試看

現在，請找到最近完成的數篇作文。是否能根據裡面的主題、象徵物品，或是文章想要表達引申的寓意，重新為文章寫下屬於他們不同的題目。在這裡，你可選擇一篇文章，寫出不只一種的題目，並找到其他同學一同參與票選。

症狀9

分段的技巧，以及只能分四段嗎？

起、承、轉、合。這是過去我們所學的分段方式。然而，有規定一定要分作四段嗎？

舉例來說，以國中國文課本收錄的文章為例，徐志摩的〈我所知道的康橋〉分四段，段落規律大致是循著黎明升起寫到黃昏。首段重在寫景，寫清晨起來漫步的所見所聞；第二段則為在春日時，河上動人的風光明媚；第三段寫騎自行車的愜意；末段則是康橋的夕陽之美。

陳黎的〈聲音鐘〉則為十段，採用前後呼應的方式，開頭以一句「我喜歡那些像鐘一般準確出現的小販的叫賣聲」佔一段，接著在第二段交代自己的房子與空間，並說明家裡頭時間轉移的過程，並在段末說明，書桌搬移後，因為聽到的聲音不同，重新找到判定時間的方式；約略在第四至八段時，作者用文字描寫從早晨到下午的空地所傳出的叫賣聲，以及碰到天候不佳時而有的改變，在第九段總結那些叫賣聲都像報時鐘一樣，成為生活不可或缺的一部分。最後，在第十段寫「我喜歡聽那些像鐘一般準確出現的小販的叫賣聲。」多了一個「聽」字，再次與首段前後呼應。

再舉古文為例，周敦頤的〈愛蓮說〉可分作三段：首段寫許多文人騷客都非常喜歡花，世人喜愛牡丹，陶淵明則鍾愛菊花，作者則是喜歡蓮花的清香與清廉；在第二段，作者用花來比喻人：牡丹花像是富貴人士，菊花則是隱逸的高士，蓮花則是君子；在末段，作者感嘆喜歡菊花的人在陶淵明之後就鮮少聽聞，但喜愛牡丹的人太多了，還有誰會像自己一樣疼愛蓮花呢？這篇文章的餘韻就在這樣的感嘆之後流傳下來。文章的層次也非常清楚，讓人清楚了解他要做對比、做比喻，甚至帶有一些衍生的象徵之意。

由此觀之，不一定框定只能分作四段；正確來說，不一定要照「起、承、轉、合」來各佔一段。可以少於四段，也可以多於四段，但必須分段，就要分得有其必要。不過如果學會「起、承、轉、合」，就是能夠交代文章脈絡最清楚的一種基本方式。

解方 請你跟我這樣做

會分段，就具備文章架構組織的能力，如果文章的段落太過呆板或冗長，全部的重點都擠在第一段，在下文就沒有其他精采的地方，文章就會顯得虎頭蛇尾，甚至藕斷絲連到讓人抓不到段落間的接續關係，就像是遇到閱讀測驗最害怕的狀況一樣，看到太多的段落卻讓人難以著手，搞不清作者到底在說些什麼，自己到底看了些什麼？

如果說分段經常成為寫作時所帶來的困擾，讓我們先從最基本的「起、承、轉、合」來看起。

起，指的是開頭，往往決定這篇文章給人的第一印象，甚至讓閱卷老師決定從幾分開始起跳。或者可用名言佳句法，也有補習班教學生使用名言公式法，但畢竟教出的學生不會只有一位，有時閱卷或審稿的老師，經常會看到雷同的開頭，因此勢必要學會調整成為自己獨特的句子。

承，則是就前面的開頭，做清楚的闡述。可能在開頭先交代事件的起因，在這個部分則可以開始陳述事情；例如今天要講一篇「合作經驗」的文章，在這裡就可以舉一些例子，像是曾參與的接力賽、拔河賽等，都可以從自己的經驗來擴充文章的血肉。

轉，通常就是文章最關鍵的部分，若通篇文章平鋪直敘，便難以在其他文章裡分到高下。能夠做出延伸與轉折，往往是得分的關鍵。舉剛剛的例子，前面提到了參與的比賽經驗，這部分則可以講述發生的摩擦，甚至遭遇挫折。以許多愛情劇為例，通常在男女主角歷經相識、曖昧之後，往往就開始歷經最大的折磨與挑戰，像是面對他人的阻擋，讓觀眾的心情隨劇情而起伏，使這份感情讓人覺得格外珍惜。

合，就是結論，能夠歸納以上的文意，總結自己的觀點，闡發自己的感想。再舉前面提到參與比賽的例子，最後比賽可能獲得佳績，讓人覺得苦盡甘來；或者最後比賽雖不像童話故事那樣有圓滿的結局，但學習到更可貴的果實是了解合作的重要，使彼此更加友好，繼續往目標持續努力。

如果說，真的不知該如何分段的時候，如果有時間可再做調整的話，不如先直接就寫進一段，然後把剛才的文章裡頭，同類的事物來作歸類組段。舉例來說，曾有學生寫了一篇遊記，在一段裡，全部塞滿自己最想去的地方、又寫當天全家出去玩的事情、又寫去年暑假旅行時去的地方，等到要寫下一段時，文章就後繼乏力，就匆匆結尾那天玩得很盡興，形成只有兩段的文章。我們或者，就能把這樣的文章，從時間序來分類，在首段稍微簡介回顧去年的旅行，在次段，寫當天出遊的事情，甚至當天發生的事情如果是文章的重點，還可再依照內容作兩段以上的分段，最後在末段則可以帶入原本自己想去的地方，雖未能如願，但才發現——真正旅行最重要的部分是創造共同相處的回憶，這樣子文章也看起來更為比較圓滿一些。

整體來說，分段就是要學會將文章分層次，不論是用時間次序分段、依照情景分段、或依起承轉合分段等方式，都需要有清楚的架構方式。

❖ 換你來試試看

現在，試著找出你最滿意的一篇文章，最好是超過六百字的。將自己文章讀過一次之後，重組文章的內容，儘管去調換順序或加減字都可以，並為文章重新分段。

第二篇

寫到一半，靈感突然斷掉了……

然後、然後，然後就然然後了

是否有時你也會這樣，在跟人家敘述一件事情時，會不經意地嘴裡一直冒出「然後、然後……」的連接詞。

一般而言，我們在敘述一件事情的時候，語意完整可讓讀者清楚的了解意思。但有時候，「然後、然後、然後……」的過度使用，不斷重複用過的連接詞，讓人容易感覺到單調而瑣碎。以下文為例，是改寫作者曾在《聯合報》發表的〈靈異手機〉（原文在範文8）：

昨天晚上好多同學接到我的來電，然後他們打電話來抱怨，然後還誤以為我改從事直銷，然後才聯繫他們，然後沒想到，我們還因此約好開同學會。然後我直喊冤枉，然後回過頭細想，然後我再決定，今晚盯著手機，看它究竟搞什麼鬼？然後到了晚上，然後我在電腦前打著文章時感到疲累，然後忍不住趴下休息。然後……就在此時，一雙手抓住我的腳。原來，是外甥女爬過來，不斷拉著我要手機。然後我把手機拿給她，然後她的手指便在螢幕上滑動起來。

不斷使用重複的連接詞，這樣的窘況不但讓人感到單調呆板，也讓人覺得這篇文章很瑣碎、沒有深度。我們可以從上文中發現，「連接詞」的使用非常重要，若能變換詞面，甚至加入一些變化，在敘述的語法裡，都會讓文章更顯生動活潑。

解方 請你跟我這樣做

除了使用「然後」的連接詞以外，「於是、接著、後來」都有相同的意思。他們可以穿插使用，或是省略連接詞直接串連起原先的幾個線索，並且適時加入一些描摹，讓文章變化多姿。

好的文章具備「橫的描寫，直的敘述」。所謂「直的敘述」，則是敘事的時間軸，可分為順敘、倒敘、或插敘；而「橫的描寫」，則能夠透過各種「感覺」，讓讀者深刻體會到你所想傳達的畫面，讓畫面顯得更加鮮明而充實。

訓練寫作不僅能夠啟發表達的能力，更重要的是，把話變得更精彩。接著，讓我們一起來試著修改上文，以附錄的範文8作為修改後的參考。

❖換你來試試看

也歡迎你動動筆、試試看，以上面的文章〈靈異手機〉為例，文章還可以怎麼做時序的調整，並換用其他呢？

症狀11 第一句之後，寫不下去了？

「善讀書者，無之而非書。山水亦書也，棋酒亦書也，花月亦書也。」這是清代文學家張潮在《幽夢影》的名句。這裡頭告訴我們，懂得用心去觀察的人，除了書本以外，山水風景、棋琴詩酒、花草日月，這些都是我們能夠去欣賞、學習，甚至作為取材書寫的對象。

許多時候寫作文面對的問題，就是不知道該怎麼來開頭。雖說萬事起頭難，但不同於症狀一的不知道該怎麼開頭，這裡說的症狀，是寫到一半就不知道該怎麼寫下去。

因為不知道可以怎麼寫下去，又擔心寫得不好，逐漸產生逃避的心態。寫了開頭第一句，大腦好像當機了，突然不知道該寫什麼接下去？

其實，所有景物的不平凡，除了需要仔細觀察以外，更需要用心——去發現；懂得用心去體會，就是理解與表達能力的基底磚。

解方　請你跟我這樣做

「日常生活」是最平凡不過的題材，但也是最能夠引起共鳴，進而打動人心。舉例來說，如果我們要用「水果」入題，我們可以寫些什麼呢？

可能有些人會像學生A所寫的，「在夏天，我最愛的水果是西瓜、芒果，很甜很好吃，我喜歡吃他們。」匆匆幾句話帶過，確實簡潔，但透過文字我們還可以更充分地去傳達，並且豐富這些感覺。

讓我們再回到剛才那篇學生A的文章，如果在字數或篇幅有餘裕的狀況，不妨可以勾勒出炎熱的夏季，讓人能夠了解背景條件：「每到了炎暑，每個人就像活在蒸籠裡頭，吹來的風幾乎是越吹越熱的焚風，腳下所踩的土地或腳踏車的坐墊，幾乎就像滾燙的煎板。在這樣的天氣下，即便只是站著，背都會濕透。」

接著，加入與炎暑對比的冰涼水果，以視覺配合聽覺，逐步開展全文的重點，帶領讀者的視角跟著我們走進冰店：「看著晶瑩透明的冰塊在刨冰機底下如雪花般飄下，配合機器『嘩啦嘩啦』的主旋律，原本已經炙陽烤得不省人事的我，看著黃澄澄的芒果塊與鮮紅的西瓜塊切下鋪排在冰上，接著看著老闆一瓢一瓢用鮮紅的草莓醬淋上。這時，世界彷彿都放慢了速度……」

接著，我們的重點可以擺在吃進冰時「味覺」的感受，並試著找出對應的譬喻：「沾滿果醬的冰花被我一匙挖進嘴裡，酸酸甜甜，這股甜味就像是捉迷藏的鬼，我必須在舌間四處搜尋著，彷彿初戀時的生澀；緊接著，大口清脆咬下西瓜塊，感受沁涼的甘甜；而Q彈的芒果塊，則帶來甜蜜的滋味，在冰店裡的我，彷彿溶化掉整顆驕陽。」

❖換你來試試看

寫了開頭第一句之後，不知道該接什麼下去。這個時候，善用舉例，激盪讀者的「想像力」，不只能夠打破呆板沉悶的敘述，也能讓文章更加有血有肉，讓讀者在閱讀的過程裡，深刻體會到你所想傳達的景象，就是一篇文情並茂的文章。

現在，就換你來試試看。假設現在外頭非常寒冷，一出門你將看到每個人無不穿著羽絨大衣、並戴著毛帽，那麼你是否能夠發揮你的想像力與觀察力，用一百字寫著你所看到的街道。

症狀12 避免離題的方式

大多時候，我們面對寫作時，會面對時間的壓力，例如，鐘聲響起要交卷的壓力、截稿的壓力等。在匆匆下筆之後，才驚覺開頭下得不好，或是為了增加篇幅，才發現寫了許多跟主題沒有關係的東西。

題目在講友誼的可貴，內文用校際盃拔河比賽，班上的大家齊心目標得冠軍的故事，從拔河的技巧寫到位置的安排，甚至細寫到某位同學正在努力減重，並且使用什麼代餐方式，結果最重要的比賽過程，卻是一筆帶過。

或者更誇張的是，要寫一篇探討讀書方法的文章，從孟子「生於憂患死於安樂」的處世精神入手，寫砥礪心智的逆境，但最根本的「讀書環境的營造」、「讀書習慣的養成」等關鍵字眼，卻是隻字未提。等到回過頭來看，才發現時間將屆，沒時間重新來過。

最後留下讓人錯愕的結語：「所以我們從這些例子可以知道，讀書必須找對方法。」

讀者僅能透過作者寫出的文字來了解他的想法，但經過那麼多青黃不接的邏輯或事例，最後又「想當然爾」地導向某種結論，勢必也會讓讀者感到困惑，甚至難以找到與前文的關係。

解方 請你跟我這樣做

離題，指的就是走偏主題，大多發生在沒做好準備的狀況。試想如果今天到陌生的城市旅行，大多人都會準備一張當地的地圖，或是簡要的規劃行程。

這就像寫作裡面所說的打草稿或規劃。一篇文章的產生並非是完全地天馬行空，而是可以在腦海裡醞釀，然後隨著經驗的累積與時間的養成，作者便會調整原定的情節。即便如武俠小說大師金庸，也是數次更動情節的安排。

由此可見，安排文章大致的走向非常重要。當知道題目時，我們可在題目紙（或找一張白紙）上，寫下段落大意或是想加入的名言佳句。最簡單的方式，就是以四至五段來分起、承、轉、合，試想文章的緣起、情節的發展、轉折點、以及最後得到的總論。

一篇讓人想讀的文章貴在「始」，好的開頭引人入勝，讓如何做到不落俗套就需要一番功夫。也就是此篇文章所探討的，不要寫出一篇讓人滿懷期待的文章開頭，經過讀者細讀，發現老調重彈是其次，最怕的是讓讀者丈二摸不著頭腦，看不懂作者的用意。

舉例來說，談到〈在成長中學到的事情〉，我們可以很快地找到四項重點：

一、過去自己總是愛抱怨，覺得這世界非常負面。

二、經過某些事情，在別人身上彷彿看到自己的影子。

三、發現自己不喜歡那樣的行為，下定決心改變想法。

四、從改變自己做起，發現正面的力量竟然會影響旁人。

❖ 換你來試試看

假想你只有五分鐘的時間能夠構思文章的結構，你會如何為以下的文章題目訂下它的結構。

題目：〈從現在起〉

症狀13 萬一離題了怎麼辦？

在上文裡，我們看到離題的文章可以透過事前的安排來擬好大意。也像前面的舉例，寫好一篇文章彷彿是一趟旅行，文章的起承轉合，就像是旅行中的食衣住行，事前的安排我們可以參考前人的經驗來做沙盤推演。但實際的進行，還是必須考量當時實際的情形。

例如，旅行前一天發現要去觀賞楓葉的地方，竟因前一天的狂風暴雨，楓葉全被掃落一地。這時的你可以如何應對？已經背好許多古人詩詞，只求作文比賽中能夠用上古色古香的幾句，結果發現題目一發下來竟是探討網路在青少年的行為，這時的你可以如何調整？

在以上兩個例子，都有個共通點，那就是話還沒說死，都有得救。前一晚發現楓葉被掃落一地，或者可以規畫一趟室內的「血拼」之旅，或是走在楓葉地毯也別有一番滋味；已經背好的古人詩詞看似跟現代的網路生活有個時代的鴻溝，但「海內存知己，天涯若比鄰」的經典名句仍可比喻網路在人際之間的關係，更甚至，改寫成「雲端存知己，噗浪若比鄰」也別有新意。

最怕的是，當下否定了自己，就像一篇寫到離題的文章，即便距離結束還有一半的時間，但已經先放棄了自己的文章。

解方　請你跟我這樣做

老趙曾經在大學的一次期末考中，當時考的是古詩的申論題，題目是賞析〈西北有高樓〉，但老趙當時因為重感冒，精神萎靡，竟將此題看做是賞析當時所背的另一首古詩〈孔雀東南飛〉。在不知情的狀況下振筆疾書、振振有辭，直到最後要檢查錯別字時才發現，自己竟然將題目看錯，而且又在只剩下十分鐘彌補的時間。

於是索性就將題目要賞析〈西北有高樓〉詩中的重點，空間阻礙的苦難、時間推移的悲哀，情感的阻滯融合〈孔雀東南飛〉，兩首詩看起來相似的時空環境，表現出人民的流離與最真摯的情感，那些璀璨詩篇雖是來自無名的火光，卻照亮那個時代的文學處境。沒想到最後「無心插柳柳成蔭」，那次的考試獲得全班最高分，教授甚至以新穎的賞析觀點來評斷這次的考卷內容。

但老趙並無心在鼓勵這種行為，或許會被當作「取巧」，但「福在險中求」，若真的行文時遇到這樣的問題，必須穩定心情，並設法解決問題。

倘若真的遇到偏題的時候，最簡單的方法就是「迅速作結」，為目前偏離軌道的文字作結，接著設法牽引到接下來要談論切中題旨的話。舉例來說，這篇文章的題目是〈從今天起〉，應是強調珍惜韶光，把握當下的重要，但文章本來要要寫生命有限，要及早立志，因此以花開、花落作為例子，豈知從植物的開落寫到園藝的功夫，還寫到地球暖化的危機。此時，最快的方式就是趕緊改變預想的結尾，改寫「地球的環境保育工作從今天做起，你我之間人人有責。」如此一來就能扣合題旨。

總而言之，面對到寫到偏題的文章，所做的步驟如下：穩定心情並察覺剩餘時間，寫偏的文章趕緊做結，設法從寫偏的文章找到跟題目相關的主題後，設法與原來的題目產生關聯。

❖換你來試試看

「我爸媽他們認識的地方，是在坐錯的火車座位上。當時因為騎車扭到腳拄著拐杖的媽媽，一上人滿為患的列車就趕緊找到位置坐下，豈知不久就有位年輕英俊的男士告訴媽媽她坐到他的座位。搞了半天才知道，原來是糊塗的媽媽看錯發車時間，座位號碼是一樣的，但班次卻不同。但善良的爸爸把座位讓給了受傷的媽媽，一路從台中站回台北。兩人一路交談，相見如故，還留下彼此的聯絡方式，後來為了感謝爸爸，媽媽還做最擅長的草莓慕斯到爸爸的公司給他……。」

這是一篇暑假遊記，要寫作者在暑假做了什麼樣的旅行？但作者卻偏題寫到父母相識的經過。請試著拉回暑假遊記的主題，並用兩百字內將此文作結，限時十分鐘。

症狀14 如何使用動詞

「在辦公室外等著面試的我緊張地來回踱步，這裡空氣彷彿被緊張所凝結，讓人喘不過氣。隨著裡頭的人唱名到我的名字，我吞了口口水，低頭迅速走進辦公室。我來到桌前，抬頭與面試主管四目相接，他那眼鏡後和藹的眼神好像似曾相識。是的！那就是前幾天在馬路上撿著空罐子的拾荒老人。搞了半天，原來他喬裝成看似落魄的樣子，其實是他的喬裝。我忍不住驚呼一聲，他迅速把食指放在嘴前，示意我不得張揚……。」

一篇平板單調的文章，如何能讓他變得活靈活現，生動地描寫出人物的個性，就是依靠「動詞」。添加適切的動詞，能夠使文章更為立體，從角色的動作，讓人看到他的特色。以上篇為例，文中的「我」如果只是寫「緊張」，未必能讓人感同身受，因此加上「踱步」及「空氣被凝結」強化緊張的感受，後來「吞口水」、「低頭快步」，索性豁出去了。是否你也有過這樣緊張的經驗？想必就能夠發揮聯想，連結當時「我」的心情。

動詞，就是描寫動作，讀者可透過裡頭人物的舉止而抓到他們的神態。然而，如果文章只是寫到「我準備參加面試相當緊張，隨著輪到自己進去辦公室，急忙地跑了進去……。」相較前面的文章，主幹雖沒有改變，少的就是角色的動作舉止。在這裡我們可以發現到，運用適切的動詞，可將文字增添畫面感。

解方 請你跟我這樣做

這裡指的不只是增加動詞即可，而是要「善用動詞」。例如，賽跑選手在跑、賽跑選手賣力地衝刺；機會來了要抓住、機會來了要緊緊抓牢，不能輕易讓它溜走。

在使用不同的動詞時，給人的感受也就截然不同。在下文談到的形容詞、副詞也都會改變他們的狀態。而本文談的是動詞的善用，不僅加深人物動作的特色，也能讓讀者更深刻地了解那個畫面的印象。

舉例來說，當我們看到「那隻小狗在睡醒以後都會舔舔自己的前爪、摸摸臉、舔舔毛皮」。除了描述之外，我們還可以為牠加上生動的動作：「那隻小狗睡醒之後，都會先弓起背，伸伸懶腰，然後再緩緩坐起，用他的前爪舔一些口水幫自己洗著臉，然後在舔舔自己金黃色的毛皮。」

然而，不僅是動物的神態可用動詞加以敘述，即便是「落葉被風吹落」，我們甚至能加上擬人的神態來寫：「秋天到了，樹上的葉子該是回歸塵土，回到孕育他們長大的土地。在這趟旅程中，有些葉子以驚嘆號的方式直線地迅速墜地，有些葉子則是劃下一個華爾滋的圓滑姿態，優雅地緩緩掉落地面。」

❖換你來試試看

我們可以透過仔細的觀察，從動作去發現他們細微的變化與發展，現在讓我們來練習接完以下的文章，並試著用動作去描述。

「在這場自行車比賽中，離終點只剩下最後五公尺，對手與我不相上下⋯⋯」請試加上一百五十字，包括動態的描寫，使這篇文章更為生動活潑。

症狀15

如何使用形容詞與副詞？

通常形容詞是用來修飾名詞，副詞則能修飾動詞與形容詞。若能善用這些詞性，將會使得句子更加豐富。舉例來說：「在那個冬天，爸爸把身上的大衣給我披上。」和「在那個寒氣逼人的冬天，爸爸一邊吐著白霧，一邊將身上的紫毛大衣給我披上。」

倘若以上兩句話，指的是同一件事情，後者的句子以「寒氣逼人」、「爸爸吐著白霧」來形容天氣的寒冷，並以「紫毛大衣」取代「大衣」的描寫。多加了些形容詞，使得畫面更加深刻。

解方 請你跟我這樣做

加上適用的形容詞或副詞，發揮觀察力與想像力，化簡為繁、舉一反三，可是內容開枝散葉，接著，繞我們來練習可以如何把單一名詞，變成具有豐富形容的名詞。

- 一朵花↓一朵（嬌豔欲滴、隨風搖曳）的花。
- 一位老師↓一位（玉樹臨風、誨人不倦）的老師。
- 一碗咖哩飯↓一碗（＿＿＿＿＿＿）的咖哩飯。

參考解答：一碗香噴噴、聞到香氣就讓人垂涎三尺的咖哩飯。

- 那個人停在垃圾桶邊↓那位（＿＿＿＿）的人。

參考解答：那位披頭散髮、衣著破舊的人。

- 連掃好幾天的陰天，今天太陽公公終於露臉了，露出他（慈祥和藹）的笑顏。
- 妹妹本來在哭，聽到那個消息以後，她笑了出來。

↓妹妹本來哭得肝腸寸斷，聽到那個消息以後，淚眼汪汪的她破涕為笑，笑得花枝招展。

❖換你來試試看

讓我們從寫一個「小物」做起，可以是一支筆、鉛筆盒、粉筆、玩具等，別忘記發揮物與人之間的關係，把心情寫進故事裡，使內容更加豐富，藉由物的描寫，把握此物的特徵，善用形容詞與動詞，字數約兩百字。

題目：＿＿＿＿＿＿＿＿（例：我的鉛筆、老師的粉筆等）

症狀16 簡單把話說清楚

是否你有這樣的朋友，要描述一件事情。講個老半天，我們不知道他的重點要說些什麼？

縮寫，就是化繁為簡，在不影響文章綱領與原意的條件下，去除他的枝蔓，保留主幹。縮寫不僅可以訓練寫作技巧，還可以鍛鍊思考能力，抓住重點。要完成縮寫的要領，我們有三大絕招可以使用：

解方 請你跟我這樣做

縮寫要領	縮寫前	縮寫後
刪去多餘的形容詞、副詞等修飾詞語	小時候，在我們家附近的巷子口有著一家老舊的雜貨店。	小時候，在我們家附近的巷子口有著一家老舊的雜貨店。

縮寫要領	縮寫前	縮寫後
	那是一位老先生開的，他是一位老兵。他在雜貨店裡，賣著許多讓人愛不釋手的小零嘴，例如一顆不到1毛的糖果球，圓圓的，有各種水果口味和繽紛的顏色。走到裡頭，則有許多層的書櫃和擺不下而擱置在旁的書堆。	那是一位老先生開的，他是一位老兵。他在雜貨店裡，賣著許多讓~~人愛不釋手的~~小零嘴，例如一顆不到1毛的糖果球~~，圓圓的，有各種水果口味和繽紛的顏色~~。走到裡頭，則有~~許多層的~~書櫃和~~擺不下而擱置在旁的書~~堆。
刪去重複出現或相同類型的東西	小時候，在我們家附近的巷子口有著一家雜貨店。 那是一位老先生開的，他是一位老兵。他在雜貨店裡，賣著許多小零嘴，例如一顆不到1毛的糖果球。走到裡頭，則有書櫃和書堆。	小時候，在我們家附近~~的巷子口~~有著一家雜貨店。 那是一位~~老先生~~（老兵）開的~~，他是一位老兵~~。他在雜貨店裡，賣著許多小零嘴~~，例如一顆不到1毛的糖果球~~。走到裡頭，則有書櫃和書堆。

縮寫要領	縮寫前	縮寫後
整理精簡原文	小時候，在我們家附近有著一家雜貨店。那是一位老兵開的。他在店裡，賣著許多小零嘴。走到裡頭，則有書櫃和書堆。	小時候，在家附近有一位老兵開的雜貨店，他賣著許多小零嘴，店裡頭還有很多書。

❖換你來試試看

經過前面的解說以後，是否你也能掌握縮寫的訣竅與要點呢？現在邀請你小試身手，依左列兩項步驟，將範文1〈秘密讀書會〉一文中的第三、四段，直接刪修後，縮寫成更精簡的語句吧！

縮寫要領	請直接將於下文刪修
刪去多餘的形容詞、副詞等修飾詞語	台灣，福爾摩沙，蘊藏許多其他國家所沒有的寶貴資源。在陸地上的台灣，擁有豐富而多元的自然生態與文化，有高聳入雲的山脈，還有滿眼青翠的農村台地到大廈林立的都市叢林；在海洋下的台灣，則是

縮寫要領	請直接將於下文刪修
刪去重複出現或相同類型的東西	太平洋中耀眼的寶石，因為地處板塊交錯，台灣沿岸由沙岸、岩岸、斷層海岸、以及珊瑚礁海岸所構成的。相對世界的海洋而言，雖然台灣所占的海洋面積是相對小的。但是，我們所擁有的珊瑚礁多樣性，卻可以跟國際知名的澳洲大堡礁相比。許多喜愛探索各國海底世界的潛水好手紛紛慕名而來。這些來自世界各地的「游人」告訴我們，他們進入台灣周邊的海洋以後，發現為什麼台灣要稱為寶島？因為全球十分之一的魚種，在台灣都能見到；而全世界五分之一的珊瑚礁，台灣也有。這些豐富多元的海洋生態文化，在世界上是數一數二的，更經常能見到許多讓人驚嘆而意想不到的生物。
整理精簡原文	縮寫後：

症狀17 你的一天發生了什麼（日記寫作）

朋友，放下你手邊的事，試著用三十秒，快速回想今日一天（或是昨天）發生了哪些事情？而你會如何來敘述這些事情？

將日常生活當作取材的來源，生活周邊的故事俯拾即得，但困難的也在寫日常生活的瑣碎平淡。在學生時期的日記或週記，就是在練這項功夫：寫的題材可以包羅萬象，除了寫家中趣事與在學校的事之外，或許是分享自己喜歡吃的菜色，也可以是考試前的準備與面對考試的緊張，甚至是考試過後的雀躍或反省，甚至帶有一點懊悔。或許你也曾有這樣的經驗，隨著日記被要求寫越來越多的字數，不斷用手指點著、算著，字數是否達到標準？

當然，字數絕非只是代表內容的豐富度與好壞的評分標準，倘若只是敷衍應付的三言兩語，或是照個範本全盤抄寫而不經思考，這樣子就失去原本的意義了。當我們擁有過這些經驗之後，會發現寫日記不僅能夠增進寫作表達的能力，也可以訓練回憶整合的技巧，好處不由分說。即便如此，在寫作的當下通常是難以接受。

寫日記是一個累積的功夫、一種習慣的養成。從不知道寫什麼、很瑣碎的拼湊文字，記錄當下的情緒，或許假以時日再回頭來看，就會了解當時的自己做的是對的還是不對的，或許還會為當時的自己噗哧一笑。在日記裡，我們能寫的，是反省自己、是做好未來計畫、是抒發感觸……，透過老師的批改，我們也能看到如何來修正，不過要切記的是，開頭盡量能有些變化，不要千篇一律都是像「今天……」、「我……」之類一成不變的文字，而是能多一點變化。

當然另一個必須要記得的點是，日記的重點是這篇文章的重點與意義，不是有人能夠為你命題，就理所當然能夠下筆如神、振筆疾書，而必須要把話說清楚，讓人了解自己在說些什麼。

解方 請你跟我這樣做

日記的文體通常沒有侷限，你可使用抒情文、敘事文或論說文來呈現。而我們這篇則集中在「寫回憶一天發生了什麼」作為主軸。

試著拿出一張白紙，快速回想今日一天（或是昨天）發生了哪些事情？你可以選擇寫在紙上，或是用說的與身旁的人分享。主要的四個寫作要件要有：時間、地點、人物、事件。例如：下課時間、福利社、同學、買中午的便當，但喜歡的便當卻賣完了……以及其他可以當作寫作材料的事物。

日記寫作通常沒有固定的寫作格式，大致可分作是寫下自己私密的心情，或能夠讓人審閱的日記。以下文來舉例，如果這篇日記是能夠與他人來分享，你會如何提出意見？並能提出什麼樣的優點或缺點？

因為今天是國定假日，剛好我放假、爸爸也放假，然後前幾天學校考試有進步，爸爸因為放假而有空，帶我去一家玩具店，讓我挑一個最喜歡的玩具回去。雖然考試很難，是我以前一直不太擅長的，但我不斷練習，超出以前的練習時間，繼續去練習，錯了再去更正看錯在哪裡。後來我考試有了進步，也獲得了獎品，真是開心的一天！

請試著找出文章的優點：至少作者有交代清楚「地點、人物、事

件與時間」，但明明都有了，我們卻能看到作者太過重複的描述一件事情，或是

花太多的篇幅寫對於讀者並不是那麼必要的事情，文章的重點還是要回歸到自己的想法，尤其在得知最後的結果之後的想法。

在寫日記時紀錄那一天的情況，並不是流水帳般寫下所有零碎的事情，文章的大綱與作者的思想還是要有。你可選擇開頭先介紹發生了身邊的人事物，也能先就心情的抒發直接做破題或闡述，而延伸文章，能透過一些文字當作線索，貫串整篇文章。如果一日索然無味，不知道可以寫什麼，我們還是可以透過一件事物去連結回憶來分享，也可以發揮觀察力，寫到對電視節目或書本內容的觀感，甚至發揮想像力，闡述自己的夢想。

我們可以練習就從「一件事」擴大來寫。因為如果文章裡要把每天發生的每件事都記下來，這篇日記就變成超級流水帳。再次聲明，流水帳沒有不好，但是就寫作與閱讀的關係，我們可以剪裁得更為適合讀者閱讀。

❖ 換你來試試看

在日記寫作的主題，我們可以從正面的方式來寫，例如品德、友誼作為重點，然後擴散一個事例，回想過程與細節，寫出心中所感，用正面的態度面對這一些事情，試著讓自己的心胸開闊，更為成長。

症狀18 條列式的文字

是否你有過這樣的經驗：說了長篇大論，對方依然不懂自己說的是什麼？或是讓對方找不到重點？甚至是容易使對方會錯意呢？

這樣吧！是否你能試著把你說的話濃縮成一個個條列式的重點呢？

用「1、……2、……3、……等」條列式的方式能夠把想說的話，縮成一個個重點，在分層的過程中，或許就能發現問題在哪裡。透過條理分明的方式，在論說與說明性質的文章最為適用，可結合「正、反、合」歸納法，再透過分層的效果：一、⑴……⑵……，二、⑴……⑵……，將重點的子項目再做一系列的規劃。

然而，條列式的文字有優點、也有缺點，試著去精確簡約著條列文字，限制所要表達的想法，讓溝通的橋樑更為簡要而直接。接著，讓我們看能夠來做條列的分項與分層吧！

解方　請你跟我這樣做

在一篇文章裡面，重點能夠如何歸納呢？最簡單的方式就是抓出「人、事、時、地、物」分別的特色，或是依照時間的順序、或是步驟等；再來，最重要的就是重點都是缺一不可，但可刪去的文字就刪去吧，或者放在其他重點也可以的話，就能夠簡要條列的數量。不過在此要注意，如果把每個重點都僅集中在一項重點，就喪失條列化的意義。以下一篇文章作為範例，我們能夠如何做條列化呢？

感冒時怎麼辦？

感冒的症狀有鼻塞、流鼻水、喉嚨痛、咳嗽甚至發燒等。感冒是會傳染的，可能透過噴嚏或其他方式在空氣中蔓延，如果沒有加以防範就可能會被傳染。例如，戴口罩、同用一雙碗筷等都是方式。感冒時除了吃藥之外，多喝熱開水、多休息，都能夠幫助恢復或紓緩症狀的作用，在這個時候要避免吃刺激性或辛辣的食物，避免留在空氣不流通的封閉場所。

條列化後：

感冒時怎麼辦？

1. 檢視症狀：鼻塞、流鼻水、喉嚨痛、咳嗽或發燒等……。
2. 避免傳染：戴口罩、避用同一雙碗筷等。
3. 感冒恢復與紓緩症狀的方式：除了吃藥之外，多喝熱開水、多休息等。
4. 感冒後的忌諱：避免吃刺激性或辛辣的食物，避免留在空氣不流通的封閉場所。

由上可知，我們在每一則的條列都盡量要擁有意義，條列的訣竅是層次要分明，另外再提供幾項小提醒：

- 避用太多無意義的語助詞，連接詞盡量簡化。例如少用「了」、「呢」這類的助詞，讓條列的重點盡量簡化。
- 邏輯辨正，雖然是簡要式的重點，但不要前後文章的語意矛盾。
- 盡量避免出現重複的字彙，但如果是要提示重點便無可厚非。

❖換你來試試看

現在，以下一則文章是**〈颱風天的災害與預防〉**，請使用條列的方式，歸納本文章的重點，並加以簡化。

颱風可能會造成的災害有豪雨、強風與土石流等，疏忽的話就可能會造成嚴重的後果，如果住處位於低窪地區，經常有淹水的情況或位於土石流災害的危險地區，應該盡早遷離到較為安全的地方避難。而如果建築物外尚有懸掛物，應加強防護或盡速取下，避免強風吹落砸傷路人；也避免在颱風天在外遊蕩，尤其若有規劃旅遊行程，切忌因為外頭風雨稍歇而掉以輕心。多加注意颱風動態，可利用電視、廣播、網路等媒介。在颱風來襲前，事先準備乾糧、飲水與手電筒，做好萬全準備。

條列化後：

第三篇

想把文章寫得更豐富，可以怎麼做……

症狀19

文章總像流水帳

「寫作，不是寫流水帳。」是否你也曾聽過這樣的話？或是被再三提醒，寫作絕對不能像「流水帳」。

什麼是流水帳，流水帳指的是把所有發生的事情，人、事、時、地、物等各項要素，都鉅細靡遺地寫出。一字一字地，把每一個細節全部都寫下來，從早上到晚上發生的每一件事，負面的形容叫作「瑣碎紊亂」、正面些的詞彙稱為「鉅細靡遺」。

流水帳文章真的全是不好嗎？

其實，流水帳是表達的源頭，剛開始養成寫日記的習慣，多少都是帶著流水帳的成分，只是不會去剪裁材料或是調整語序，幾乎大部分的文章都要經過流水帳的過程。用以下小英同學的文章為例，他寫**〈下課回家的路上〉**，他是這樣寫的：

今天老師看起來心情很好，可能是班上得到了整潔和秩序比賽的優等，她和我們都很有面子，所以她心情很好，我們的心情也因為這樣很不錯。一想到回家以後媽媽準備了仙草冰，就非常期待回家，雖然我平常比較喜歡吃愛玉冰，但是仙草冰也不錯，而且外面天氣這麼熱，吃了一點仙草冰感覺比較涼快。

每天從學校回家的路上，我都經過了一座天橋、三個紅綠燈，天橋走上去很累，走下去比較快，紅綠燈都要等時間，還好我們家離學校很近，今天、昨天、還有前天，我還是有時候因為覺得這樣可以比較晚出門而差點遲到。然後因為今天心情很好，所以覺得路上的人都很開心，在今天下課回家的路上也真的很快樂。

解方　請你跟我這樣做

承前面所說的，為了要記錄下發生的每件事，順敘法是最典型的寫法。時間從早到晚，還有所發生的每一件事。但是，難道連作者上廁所的次數、打呼的聲音這些芝麻綠豆的事情都要寫進去嗎？由此可以發現，我們要寫的，是剪裁過後的文章，是需要經過挑選、編排、甚至美化的。

寫作，不像選擇題有標準答案，但在比較之下，會因為用字與取材的靈活，而讓文章能顯得多樣，我們可在不同的文章中，能夠體會誰寫得比較貼切。最直白的說法，就是通常被稱為是「佳作」的作品，往往是我們不容易寫出來的。

從以上的文章，我們可以發現到流水帳文章並非是一無可取，而是不知道如何去選擇自己要表達的重點，而讓閱讀的人感到困惑。

以上面的文章**〈下課回家的路上〉**為例，焦點便擺在「下課」的時間點與「回家的路上」作為文章背景，外頭的氣候炎熱對照著心情的喜悅，我們可以這樣精簡：

> 下課鐘聲響起，同學與老師今天的心情，因為這次整潔與秩序比賽的優等成績，似乎都像外頭的陽光雀躍。尤其想到足以融化豔陽高照的仙草冰，它的沁涼可口早讓我流口水了。
>
> 我們家離得學校非常近，雖然有時候會因為這樣掉以

輕心而差點遲到，尤其是校門口的天橋，往上的階梯就像是走不到的盡頭般地可怕，不過只要到達頂點，往下的道路便相當輕鬆愉快。

然而，「縮寫」並非「改寫」，角色與情節不能因為這樣而變動。但是我們可以聚焦在想要表達的重點。另外，在時序的表達，我們也可以透過在一般可見的「順敘」之外，用「倒敘」、或「插敘」增加文章的變動性。

再以**〈在回家的路上〉**為例，我們可以從「在家裡吃著仙草冰」連結到「外頭的炎陽」，再連結到剛剛走回家的路上。

如此，就能在開頭的部分，和許多的文章有所不同。

❖換你來試試看

今天天氣很冷，比昨天還要冷，但好不容易考完段考，為了這次考試要考好點，上次段考完我就用功念書。每天都多念半小時書，除了那天去參加表哥的婚宴之外，那天的東西好好吃，表哥也好帥，新娘子也很漂亮，不然每天我都是多念的。好不容易到考試了，考完以後公布國語的分數，我竟然進步了十八分，上次考了七十六分，爸爸覺得我可以更好，結果我考到九十四分，還是全班第二高。全班最高的那個每次也都是每個科目的第一名，只是以前有次考試他吃壞肚子，第二天沒考。不過他有考的還是全班第一名。然後也終於放假了，我終於可以睡到自然醒，我一直躲在被窩裡面，玩手機遊戲，開始想了很多接下來要作的事情，像是打掃房間、擬訂接下來的讀書計畫、起床去買早餐，不過好像都沒有一件完成的。

以上是一篇非常「鉅細靡遺」的文章，或許我們可以針對事情的重要性，抓著這篇故事的主軸，例如上次考差的考試，這次因為如何而有了怎樣的改變？是百尺竿頭更進一步，或是退步呢？

接著，換你來試試看。用約五十～七十字的內容，練習看看，你可以怎麼把這「長篇大論」做刪整的呢？

題目：題目自訂

重點：練習寫文章的重點。五十～七十字內，含標點符號。

症狀20 一直寫到重複的字句

寫來寫去，好像能用的詞彙有限。除了上文寫到的「然後」問題以外，我們可以戲稱這樣的文章叫做「鬼打牆」，繞來繞去、寫來寫去，都是一樣的事情。例如：「今天老師換了班上同學的位置，我坐在小英的前面，小英坐在我的後面」，他們表達的都是相同的意思，像是「換句話說」般地，本身的語法差不多，只是主客兩體的位置互換。

又或者，「對於樂透刮中頭獎這件事，爸爸是想都不敢想，如果刮得中頭獎的話，他一定非常驚訝，總而言之，如果他刮中頭獎的話他當時的情緒一定很訝異。」

這樣的話則是把前面兩句話其實節省成一句話即可：「對於樂透刮中頭獎這件事，爸爸是想都不敢想的，因為如果頭獎得主是他的話，一定是非常訝異的。」當然，我們也能夠以此舉例讓文章變得更為精簡。但是，如果我們精簡變成：「爸爸對於樂透刮中獎這件事，是非常訝異，而且不敢去想到的。」」

意思本身可能就產生改變了。因此，抽換詞面不僅可把握讓文章更為精簡，也可以有改變語氣等其他的作用。

解方 請你跟我這樣做

經過前面的解說之後，是否你能掌握抽換詞面的訣竅與要點呢？現在，我們提供下列三項要點，讓抽換詞面不僅是讓語句不僅文字要用得對、還要「用得好」。

一、相同意義的詞彙：

一下子，突然下起好大好大的雨。

↓剎那，突然傾盆大雨。

二、改變語氣的詞彙

面對難以接受的結果，他**不開心的對著外頭叫**。

↓面對難以接受的結果，他**怒不可遏地對著外頭嘶吼**。

三、從動作彰顯個性

他**拿了**一顆桃子，掏錢結帳。

↓他**仔細揀了**一顆桃子，掏錢結帳。

依據上列抽換詞面的要項，緊接著讓我們來做個小小的練習題吧。

❖換你來試試看

一、相同意義的詞彙

例如我們在念書的時候，往往快中午的時候肚子早已經非常餓了，有時還會把老師在黑板上寫的數字看成豆芽菜，寫的一個個方塊字認作一塊塊肉排，恨不得大口咬下。

二、改變語氣的詞彙

平時大家忙於工作與生活，不僅相聚困難，更常常忘了好好品嘗自己手裡美味的飯菜。

三、用動作表達個性

誰說難過時只能喝悶酒，獨自舔舐傷悲？我們可以藉由光明正面的意義，互相打氣，吃飽飽的勇敢走下去。

做完以上的小小練習之後，是否，你可以結合之前所學到的技巧，重新改寫範文2：**〈MSN的青春手記〉**呢？

症狀21

我的文章沒有表情

想像你正在看一部講述主角一生的影片，從頭到尾平鋪直敘，只是交代他的簡歷，語氣平淡，沒有任何高潮起伏，從他出生開始講起，講到他讀書、找到工作、娶妻生子，似乎似乎那樣理所當然，所有的喜悅與挫折，整部影片好像都是那樣雲淡風輕，聲音也非常動聽，但就是讓人昏昏欲睡。

那是因為，那部影片沒有張力。

就文章而言，也需要張力、需要表情。文章的表情會將畫面栩栩如生地擺放在讀者面前，例如從前《水滸傳》的作者，相傳他給那一百〇八條好漢與其他角色都做了一個畫作，他一邊創作，也一邊與那些想像的人物對話，使每個人產生迥然不同的個性，有性情暴烈的、有生性幽默的、有貪得無厭的……。他們在對話的同時，好像活生生能讓讀者看到那樣。

解方 請你跟我這樣做

要讓文章變得有表情，首要注意的心態不能想當然爾。例如講述經歷幾個月認真念書，終於讓向來地理總是不及格的阿豪，成績有了起色，雖不是那麼亮眼，但看到進步的幅度，也彷彿代表著兌現那些努力的點點滴滴。殊不知因為阿豪過去正因為從小在他國長大，對於自己土地的認知需要重新認識，因此地理是他比較生疏的科目，經過反覆的練習與背誦，讓許多人都看到長遠的進步。

但若今天我們講述阿豪地理成績有了進步，是因為他認真苦讀就一語帶過，自然很難去讓人感受到其中他遭遇的問題與突破。

如果是一篇新聞稿，自然面對眼前的事件需一切客觀。但客觀不見得就不能夠引領讀者來到現場去感受當下的氣氛。話語可以說得精簡，或交代事件緣由與後續的時候，也不是要像流水帳那樣瑣碎紊亂。

因此，如何視狀況而決定行文的長短與取材便是格外重要。

或者，反過來從「讀者的心態」來著手。想著讀者在這篇文章想看到什麼，什麼樣的主題會讓他們想看下去？經過交叉的比對思考，能夠一脫窠臼，拓展自我的思考限度。

❖換你來試試看

以下是一篇簡短的文章，是否你可以加上一些想像力，讓文章活靈活現；加上一些觀察力，讓故事栩栩如生。

在東晉時期，有一位很有名的士族後代，他名叫「王藍田」。他的個性是出了名的急躁，經常有人會舉這個例子來說起。話說，某日，王藍田心血來潮想吃雞蛋，原本他還從容優雅的坐在桌前，拿起筷子想夾起雞蛋。但是，雞蛋實在太滑，一夾就掉，在經過好幾次的失敗以後，王藍田一氣之下，乾脆把蛋扔在地上，可是，這個有彈性的雞蛋又在地上彈跳，旋轉個不停。王藍田看了更是生氣，堂堂一位讀書人，竟被一顆雞蛋玩弄！於是就從坐榻上跳起來，用木屐踩踏它，但那顆頑皮的雞蛋卻是滾啊滾的。最後，王藍田受不了！他乾脆彎下腰，把雞蛋撿起以後直接放入口中，再將雞蛋狠狠咬破，然後再吐出來。

這則故事出自《世說新語》的〈王藍田食雞子〉一文，在文章裡，我們能夠見到王藍田是個性格直率，但卻又有急性子的人。

現在，請你找一個卡通、漫畫人物，或是現實中的人物亦可，請用兩百字去描寫他的個性與特徵。在此，可就他的外貌作為基礎，例如哆啦A夢的「圓頭」與「圓手」、蠟筆小新的「粗眉毛」等，再舉例某次的事件，他做了什麼事情，然後可以就此看出什麼。

症狀22 你聽到了什麼呢？

有句成語叫做「繪聲繪影」，或者有人經常開玩笑說唱得比講得還好聽。有種工作叫做配音、聲優，他們靠聲音吃飯，尤其在廣播劇時，不同的聲線線條就能讓人在腦海裡描摹某種形象。

試想，現在窗外大雨滂沱，除了視覺之外，我們能透過怎麼樣的文字，讓人感受到雨滴強烈撞擊在建築物上，打在地上，而道路上的行人飛奔，車輛躲避疾驅，喇叭聲在街道中瀰漫。

解方 請你跟我這樣做

如余光中在〈聽聽那冷雨〉，他運用文字的聲韻、跌宕起伏製造出朗讀的音樂性，例如：「滔天的暴雨滂滂沛沛撲來，強勁的電琵琶忐忐忑忑忐忑忑，彈動屋瓦的驚悸騰騰欲掀起。」不斷運用疊字、以及聲音的急切性如「忐」、「忑」彈舌急促，彷彿電枇杷彈奏出的樂音，粒粒分明。或是夏天「吱」、「喳」的蟲鳴聲，切齒音交響出夏日熱鬧的共鳴曲。

接著，讓我們一起來試著填填看，以下的聲音可以用什麼文字來表達出來吧。

聲音	描寫	像……
強風豪雨		
貓咪叫聲		
心跳聲		
哭聲		
笑聲　呵呵		
笑聲　哈哈		
警車		
一群腳步聲		
玻璃瓶打破在地上		
心碎的聲音		
倒垃圾時丟出垃圾以後……		
看到聖結石……		
煞車聲		

❖ 換你來試試看

完成上表之後，接著讓我們把場景拉回到校園裡，試想：現在正在進行一百公尺的田徑比賽，兩邊歡呼聲不絕於耳，兩位選手也不分上下，眼看就要衝破終點線。你是否能夠運用觀察力與想像力，可適時運用以上使用的狀聲詞，重新深刻地描寫這個畫面。

症狀23 你摸到了什麼呢？

人，是有感覺的。透過摹寫，可讓一篇文章變得更加深刻，但觸覺與視覺不同，不能帶來五彩繽紛；觸覺與聽覺不同，沒有抑揚頓挫的聲音感受；觸覺也與味覺不同，沒有酸甜苦辣的刺激。但觸覺是透過肌膚的碰觸而有最原始的感受。

就像台灣以前一個綜藝節目所推出的「恐怖箱」，讓藝人們碰觸那項物品，說出他的特徵，讓其他人來猜猜看。我們也同樣能透過這樣的遊戲，準備安全的物品，讓學生參與這項「神秘箱」的活動，訓練學生如何口述他的觸感。

解方 請你跟我這樣做

現在，讓我們試著寫寫看，以下這些物品是什麼樣的觸感呢？試著各用至少十個字寫寫看那些的感受。

物品	感受	像
床鋪上的被子		
被蚊子叮到的感覺		
流汗的感覺		
踩進下過雨之後的泥土		

接著，觸感除了描寫他的形狀、狀態之外，是否會感受到詞窮呢？因此可以適時加上修辭讓文章豐富。

例如原句「摸著一株帶刺的玫瑰」，加上譬喻法之後成為「摸著一株帶刺的玫瑰之後，像是蚊子叮般地刺痛，也留下一抹蚊子血在手指上。」或者，也可加入轉化的擬人筆法，「摸著一株帶刺的玫瑰，彷彿在告訴我她強悍的美麗，是不許讓人輕易靠近或傷害的。」或者，也可使用排比法，「摸著一株帶刺的玫瑰，帶刺的枝記錄她倔強勇敢的溫柔；鮮豔的花表現她無與倫比的美麗；鮮嫩的綠葉展現她朝氣蓬勃的生命。」

❖ 換你來試試看

換你來試試看，請找出一項物品，可以是鉛筆盒中的文具，或是某項食物，或是仔細觀察校園內的一花一草……等，試著去觸摸，仔細感受後並用觸覺摩寫來寫出。並加入不同的修辭法，讓這些感受更加生動。

物品：

感受：

譬喻：

轉化：

排比：

症狀24 你聞到了什麼呢？

如果你今天是一位美食達人，要透過書本介紹一項食物多麼美味？你會如何形容呢？俗話說：「色香味俱全」。能夠讓人在百尺之外，還未見到食物就能垂涎三尺的，就是依靠嗅覺。

然而，臭豆腐也因為它的「臭味」，讓許多人聞之色變，以為是什麼放到發霉或腐爛的食物，吃了以後才讚不絕口。由此可見，用鼻子聞到的「嗅覺」，有香的、有臭的；有多層次的表現，也有刺鼻或讓人厭惡的，這些都是嗅覺的重要性。

解方 請你跟我這樣做

「從門外，一陣泡茶的味道。很香、很香，後來爺爺看我進來拿起茶杯，斟滿了他最愛的普洱茶，緩緩入口，好喝、好香。」

上文是否你也可以針對它的味道擴大來寫，例如：「在門外，就聞到一陣陣茶香飄出，進門之後，看到爺爺泡著他最愛的普洱茶，他看到我走近隨即拿起茶杯邀我同飲，我聞著它，彷彿訴說它陳年醞釀的香醇。入喉之後，起先是一股濃郁的茶味，從苦味散發香氣，就好像一朵蓮花在泥巴中散發它獨特的香氣。」

從嗅覺帶出讀者基本的想像，從味覺的酸、甜、苦、辣，使讀者能夠感同身受，若是再加上飲茶的動作描寫，以及祖孫間的情感交流，增進各種心境的轉變與人生的風味。

❖換你來試試看

現在，邀請你走入台灣夜市，裡頭有滋滋作響的鐵板料理；沙沙油炸聲的臭豆腐、鹽酥雞……等五花八門的台灣小吃。透過前面練習的嗅覺摹寫，試著加上修辭，依據它們的特色，引出台灣小吃動人的魅力。

症狀 25

你嘗到了什麼呢？

如果參與一個美食節目，主持人要如何透過語言去告訴電視機前面的觀眾它的味道如何？當然，絕不能只是說「好吃、太好吃了」，這樣子實在太籠統，也無法讓觀眾共同分享到那美妙的滋味。

舉例來說，以下有幾種食物，請共同來試著來描寫他們的味道。

感官摹寫	味道
巧克力	
鹹蛋	
酸梅	
辣椒	
苦瓜	

解方 請你跟我這樣做

如果說味覺的描寫，僅停留在味道的書寫，寫多了也容易重複詞彙，不容易拉高這些文字的深度。如果將味覺的摹寫，結合想像力與文學修辭，也能有另一番滋味。以上文所引的「酸梅」為例，它不只酸，它的嚼勁與外頭的糖粉我們可以用「糖磚蓋的城堡」這樣形容：

看著酸梅外表布滿的糖粉，趕緊舔了一口，他們就像小小兵迅速用糖磚在我的舌頭上蓋好城堡。但我再進而咬下一小口的時候，那些微酸的敵軍馬上大幅進攻這幢剛蓋好的城堡，心想城堡逐漸失守，乾脆一股作氣，將酸梅吃掉，那座糖磚城堡，我想已經消失殆盡了，只在口中最後留下小小的殘骸果實。

又或是，我們也能把那陣酸味用「電擊」來形容，「那股酸味力量彷佛電擊般地，向舌面的四面八放擴散，再逐漸麻痺了臉部。」

然而，酸梅也能像初戀的滋味，「那股味道就像那愛在心裡口難開的羞澀」，更甚至，我們也能將「吃酸梅」描寫成「捉迷藏」，「那逃竄的甜味，時而明顯，時而消失，讓我忍不住在酸中帶甜的舌面上四處搜尋那股令人難以忘懷的滋味。」

❖換你來試試看

換你針對此次主題，回想某種喝過的飲料，試著寫出喝著一杯飲料時，仔細感受味覺，並試著用想像力描寫品嘗它的情境。

症狀
26

如何運用六覺的摹寫

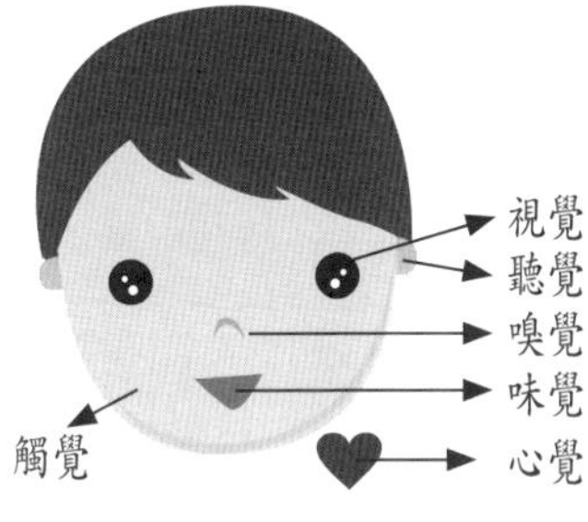

經過以上的解說以後，是否你也能掌握到六覺摹寫的要點呢？現在就讓你一起來試試看，選一個自己印象最深刻的食物試著描寫出在吃著這個食物的「視、聽、嗅、味、觸覺、到心覺」的感受描摹吧！

看到了上列的食物描寫，是否你也發現到不僅需要「視、聽、嗅、味、觸覺」的搭配，讓感受的描寫能更為豐富；也能運用「心覺」，帶出屬於你自己對於食物的獨特記憶。

食物：＿＿＿＿＿＿

感官摹寫	摹寫重點	小菜烹調區
視覺	外觀、顏色、形狀	
聽覺	烹調時、咀嚼的聲音	
嗅覺	聞到的滋味與感覺	
味覺	酸、甜、苦、辣、澀、嗆	
觸覺	軟、硬、粗、滑、冷、熱	
心覺	有關的故事或人物	

親愛的同學，你吃過酸梅嗎？試著想想看吃到酸梅時有什麼樣的感覺呢？除了酸澀以外，我們還可以用什麼方式來描寫呢？讓我們試著使用「譬喻、誇飾、想像」等修辭技巧，看看可以怎麼來寫「吃酸梅」？

你最愛吃的食物是什麼呢？讓我們運用這次所學到的描寫技巧，並善用「視、聽、嗅、味、觸、心覺」的感覺結合，讓更多人能感受到它的滋味與特別之處吧！

請在此處描摹「我最喜愛的零食」

症狀27 練習舉例

是否你也曾遇過，不知道該怎麼寫下去？既然如此，那就舉例吧。

因為不知道該怎麼寫下去，又擔心寫得不好。其實，所有景物的不平凡，都是來自「用心」。即便是「日常生活」這種最平凡的題材，也最能引起讀者共鳴。如果舉例只能做到隔靴搔癢，那就比較可惜了。像是提到旅遊時身邊的景物，有看到花、有看到樹、看到行人，還有看到很多建築物。這樣寫不是不行，而是如何建立這篇文章的特色。

解方 請你跟我這樣做

因為花草樹木，與行人、建築物，都是很容易在許多地方看得到的。但他們是否有哪些特色？例如到金門旅遊，仔細看待身邊的風景，有木麻黃、有閩式建築、還有一些碉堡。這樣寫，是否能夠讓人更聚焦在是哪些種類的植物與風景，也更能將此地的地理環境與歷史因素結合。

如果再加把勁，則是可以增加他們的形容詞；例如，「我們坐著車在金門的馬路上遊覽，透過以木麻黃交織而成的綠色隧道，彷彿沿著歷史的痕跡，看到金門造林的歷史故事，從碉堡看到國軍進駐，辛苦地保家衛國，而閩式建築還存留著許多文化的回憶，忠實地記錄族群們的移居與融合。」

其實，精彩的開頭便能引讀者注目，只要做到論點清晰，再加上精采的舉例，這篇文章便能做到引人入勝。然而，不論是什麼樣的舉例，記得都要扣緊中心主旨。絕不可前面說金門，後面說金山，而兩者又沒有寫出他們的關係，如此就偏離主題而殊為可惜了。

❖ 換你來試試看

接著，換你來試試看。試著描寫春天，舉例春天像什麼？為什麼像？而他們像的事物又有什麼特色呢？

症狀28 練習比喻，比喻之後

要如何讓一篇文章看起來很厲害？是否會覺得自己的文章開頭千篇一律？那麼可以試用譬喻的方式，讓文章有不太一樣的亮度。

我們用以下兩種開頭來做比較，「我有很多好朋友，他們教我很多。」和「好的朋友就像是一本本的好書，需要細細品味，就能受益匪淺。」前者是直述的方式，很容易讓人了解，但後者比喻的方式，利用譬喻引領讀者思考、細讀，也使這篇文章產生獨特性。

然而，好的比喻能讓文章活化，但如果只是為了「比喻」而去做「比喻」，讓文章的餘韻嘎然而止，也是十分可惜。

解方 請你跟我這樣做

讓我們來填填看，你覺得以下句子，可以用什麼字來補上空格：

1. 路，像一枝枝射出去的□。

2.報紙，就像一面□□。

這個沒有所謂標準答案，但可以透過後續的解釋，使這些句子產生意義。在首句，我們可以說「路，像一枝枝射出去的『箭』。」除此之外，還可延續「箭」的特性，「向外四面八方地散射，一去就不回頭，稍不謹慎就會偏離當初的目標紅心。」接著再回到「路」的本旨：「所以，堅持理想是不容易的，開頭路更要慎選。」

在第二個句子，換你來試試看，想想有什麼詞可以填入空格。我們可以說，「報紙，就像一面『鏡子』。」透過鏡子，我們可以看見自己，也可以引申報紙「秀才不出門，便知天下事」的特色，而這麼接：「報紙，就像一面鏡子。透過報紙，我們能夠看見世界，看見我們不容易注意到的社會角落。」鏡子可以自照，報紙可以看見社會，透過比喻，讓兩者可以相互的解釋。在什麼時候可以用到這些比喻呢？無論在開頭或是作結語的時候，都相當適合。

❖換你來試試看

現在，換你用「童年」來比喻，試著不只是比喻，而寫出所比喻的東西他的涵義。

參考答案：

童年像塵封已久的玩具箱、童年像一杯好茶、童年像一部趣味的電影。

症狀
29

誇要誇得好，不要吹牛吹過頭

「今天在學校的時候，老師問了一項超級大難題，許多資優生也答不出來，只有聰明頂尖如我才回答得出來……這次段考是誰考零分？」

透過誇大的表述，語言是可以渲染的，更有機會引起讀者的好奇。比如說，為了告訴人家我現在想吃飯，可以說「我肚子很餓」、或者「我現在餓到幾乎可以把裝滿食物的冰箱整個吞下」。

從以上兩者，我們能夠看到因為後者誇大的描述，將「餓的特質」誇大形容，將原先的事實「放大」了好幾倍，讓對方能深刻感受到自己的感覺；當然，也可以透過「縮小」，將自己所要敘述的特質誇張化。比如說，唐代詩人柳宗元為了描述自己的孤絕，寫「千山鳥飛絕，萬徑人蹤滅」，在層層疊疊的深山裡，竟然一隻鳥都沒有；在萬條小路上，連一個人影都看不到。作者就是為了營造寧靜孤獨的環境，才能透過這首名為〈江雪〉一詩寫出自己的心境。

解方 請你跟我這樣做

透過「誇飾」的寫作方式，以超出現實的現象引起讀者的注意。大致可分為以下方式可作：行為與感受的誇飾、時間與空間的誇飾。就行為來看，我們能夠描述一個人豪邁的笑聲，可這樣來寫，「鄰居大叔龐大而爽朗的笑聲，每次一笑連地板也會隨之震動。」就時間來寫，我們能夠描述光陰似箭的感受，「昨天小姪女還是咿呀學步的嬰孩，今天就已經亭亭玉立了。」

誇飾，是一種常見的表現手法，也能夠結合「倒反」的方式，增加文章的趣味性，舉例來說：「那位身價上億、世界無敵最慷慨的先生，出手一捐就是十塊錢。」、「我想我是全世界最會燒菜的爸爸，煮得菜是全世界上最好吃的，孩子一定是嚐了一口以後，怕以後吃不到，馬上就決定叫外賣來填飽肚子，將食物留下來傳宗接代。」不過使用倒反的時候，也最好不要涉及人身攻擊，有句話是這樣說的，能夠開自己的玩笑，才是真幽默。

不過使用誇飾時，還是要切記是將事實放大，不是扭曲事實。舉例來說，樓下麵包店總會準時傳來剛出爐的麵包香味，好像提醒著我下午茶時間的到來，早已經是「垂涎三尺」的我，後來都衝了下去大肆採購搜刮一番；但從文中的意思，不能就直接解釋說，樓下麵包店總會傳來剛出爐的麵包香味，好像提醒著我，恨不得家裡就是開麵包店的，所以自己就立志做一位頂尖的麵包師傅，做下一位的「吳寶春」。

根據前文的意思，是聞到麵包香味而引發對於麵包的食慾；而後文是因為喜歡吃麵包，後來立志成為麵包師傅。當然兩文間可以有因果承接的關係，但如果文中只有提到他人喜歡吃麵包，就說對方想做麵包師傅，這樣就是望文生義，遠離原先事實了。當然，誇飾是加強效果，但也不能加得太過，到最後讓讀者忽略了自己希望人家注意的重點，只讓人注意自己修辭的技巧。

❖ 換你來試試看

運用誇飾，能夠將客觀的人事物，使用主觀的想像與渲染的寫作技巧，使得原本平鋪直敘的句子變得新奇有創意。接著，讓我們選幾個例子來練習。親愛的朋友，以下誇飾的練習，可以針對例句的狀態，或者是接續例句皆可。請任選一種方式，然後在每個例句下寫出各為三十～五十字的練習。

1. 天氣很熱。

例：酷暑的炙熱讓人吃不消，我的視線跟著扭曲，而柏油路幾乎都可以煎蛋了。

例：天氣很熱，讓人吃不消，一下課我就直奔便利商店，買一隻冰淇淋甜筒，一大口咬下去，整個夏天好像融化在心頭了。

2. 天氣很冷。

3. 為了明天的考試而認真。

4. 時間過得很慢。

5. 表達非常喜歡的心情，對某人、某事、或某物。

症狀30

如何讓引用的話發揮價值

好的「引用」，可以提升這篇文章的質感，用前人的話來幫自己站台，而且還能增加篇幅，他們的話引經據典，結合自己的事例來論證。

但相反的，若使用被用到浮濫的名言佳句，可能會被人當作舊調重彈，更甚至「為引用而引用」產生文不對題的情形，就十分可惜了。

使用引用的兩項關鍵：一者是說話的人在那塊領域上是具有地位或價值的，另一者則是他說出的話十分有哲理或意義。

解方 請你跟我這樣做

以下兩句話分別是非洲總統曼德拉與美國知名的民權鬥士曾說過的話：「在非洲，每六十秒，就有一分鐘過去。」、「在這塊土地上，有白人，還有黑人。」

如果遮去說話者的名字，似乎這些句子都看來理所當然。一分鐘當然就是六十秒，而在土地上，本來就有不同的人種，因此重點就是如何闡釋，透過他們身分所代表的意義，呈現出這些話的價值。有時一篇好的具有論說性質的文章，就是需要後面的話補述前面的道理，讓這個道理「順理成章」，自然文章就會變得言之有物。

例如，如果將曼德拉總統的話，套到非洲的政局不穩，那就話就變得格外具有意義了，「在非洲，每六十秒，就有一分鐘過去，這是一個再簡單不過的道理，但那其實代表的更是政治格局複雜，人民可能還來不及認得自己國家的領導者，又在動亂後匆匆下台。」相對的，如果將這樣的話，套到非洲的生存與疾病問題，同樣能帶來效果。根據國際研究顯示，非洲的人口平均壽命僅約在五十一至五十三歲，疾病事造成非洲人壽命偏短的主因，尤其是愛滋病、肺結核與瘧疾的傳染病事主要殺手。換言之，在每一秒，非洲都有人口不斷出生與死亡。

又或者，善用大家都覺得「想當然爾」的想法，例如這麼說：「在非洲，每六十秒，就有一分鐘過去；在美國，每一分鐘，就有六十秒就過去。」但在後面能有讓人反思的結果：「這一分鐘的六十秒，是上天賜給每個人平等的權利，但造成歧視的，卻是人自己。因為不同的膚色、語言、種族等原因，和自己有那麼點不同，而造就了不平等的眼光」。

試想，將那段民權鬥士的話放到民族平等上，或許我們就能看到這樣的真理。「在這塊土地上，有白人，還有黑人。我們經常會從自己出發來思考，卻經常忘了替身邊的人來想。或許，可以這麼想：『他們也不曾為我們想過。』但付出不求回報。」

引用的價值不只來自引用的話說了什麼，更重要的是他們擺放的位置，以及之後詮釋引用的話。

❖換你來試試看

請試著分別運用以下三句練習引用，並接完他們的話：

曾有人說過：「到了晚上的時候，天就暗了。」

記得在一本書上是這樣寫的：「人如果沒有生命，就不會動了。」

充滿智慧的老奶奶曾告訴過我：「來到世上的時候，我們都是哭著來的。」

症狀31 合乎情理，意料之外的效果

許多峰迴路轉、高潮迭起的文章，看到最後一頁更是令人拍案叫絕，經常讓人好奇這樣的文章是怎麼寫出來的？許多時候小說都有這樣的功能，例如《三國演義》的孔明借東風或草船借箭的經典橋段，都是在這樣的情況發生。

這不只是不按牌理出牌，需要達到「合乎情理」，就是要有邏輯，例如人氣推理漫畫柯南、金田一，當這些偵探們頭頭是道地說著他們的推理，順著這些犯案線索，都能夠合乎邏輯地「自圓其說」。所謂「意料之外」，就是要引人驚奇，如果是推理性質的文章，不能讓人一下就猜透動機，反而可以透過誘導，讓人往錯誤的方向推想，最後才恍然大悟，到結局令觀賞者感到驚奇。再舉一個知名的例子，那就是《哈利波特》的石內卜教授。原本讀者都會以為石內卜只是看哈利波特不順眼，處處找他麻煩，到最後才知道，原來他一直是暗中保護哈利波特與魔法世界的悲劇英雄。

解方 請你跟我這樣做

如果有合乎情理，意料之外的效果，即便故事看起來平庸，取自生活，回歸生活，最後都能夠讓人達到有驚喜的效果。可有以下幾種方式達到：

1. 角色的對話或行為。

運用某個角色擔任情節的轉捩點，並用他與其他人的互動增加伏筆。許多的笑話也就是利用這樣的效果，舉一個例子來說：有一天，小明到書店要找一本最可怕的鬼故事。於是，人小鬼大的小明跑到櫃台，問著看起來慈眉善目、和藹可親的老闆，哪本鬼故事最可怕？於是看到老闆從後面櫃子裡拿出一本書，上面還滿佈灰塵。老闆小聲地告訴小明這本最可怕，請他不得張揚買到這本書的事情。小明興沖沖地付了一千塊並買回了這本書。老闆在小明離開前，不斷提醒他，不要翻到最後一頁，那頁最可怕。但充滿好奇的小明哪管得了這麼多，在回到家以後，還是忍不住一口氣就翻到最後一頁，那裡看似什麼都沒有，只有一張標籤，小明小心翼翼撕開標籤以後，上面寫著……建議售價：十元。

2.從開頭就能為「伏筆的結局」有所規劃。

在推展緊湊的故事時，不要忘了作為觸發線索的物品或人物。真正能將伏筆寫得好的文章，要注意的是過程中就要不時暴露線索，直到最後才「一網打盡」，連結那些線索讓人心服口服。而那些作為線索關鍵的物品或人物，隨著情節推展而觸發，使這些線索的出現都具有功能性，能成為前後呼應的好文章。結局通常不要最後才寫，而是開頭就能夠有所規劃，如果盡善盡美，至少可先從大綱來寫，但千萬不要為了編織意外的效果，而刻意去寫意外，這樣反而顯得唐突。有時候那些老掉牙的劇情，就會容易被人識破，反而畫蛇添足，最好就是寫到餘韻猶存，而不是讓人覺得沒完沒了、藕斷絲連，讓讀者感到不耐煩。

❖換你來試試看

對於能夠寫出「合乎情理、意料之外」的文章，通常是已經擁有能夠自主寫作而不會有不知如何下筆的問題，是比較進階的能力。能夠掌握邏輯與洞察人性，更能夠掌握觀賞者對於文章的驚喜感。現在，我們能進行一個簡單的練習或團體的遊戲，現在是否能夠寫出一篇文章，能夠讓某個人物穿越時空到另外一個地方，並讓他們產生互動。例如，當哈利波特遇上曹操，或者徐志摩走到李白的時代，都將能擦出一些想像力的火花吧！請試著寫出約三百字的短文。

或者如果是團體的話，我們能進行一項簡單的遊戲。準備一些紙條，依序分為三類，每個人分別寫下不同的「人物」、「時間」、「地點」，然後讓每一個人抽出不同的順序，並且能夠依此寫下一篇約三百字的短文。

症狀32 運用古典詩詞

古典詩詞是透過音韻的協調與語言的反覆咀嚼，以溫柔優美的意境深植人心，或者是寄情山水的豁達人生觀、或者是國家今非昔比的嗟嘆、或者是故友的滿懷思念懷抱、又或者是游子的思鄉斷腸之情等。

我們從小時可能就開始背誦許多膾炙人口的詩詞，例如李白的「床前明月光，疑是地上霜」、孟浩然的「春眠不覺曉，處處聞啼鳥」等……。而背誦詩歌也能帶入寫作裡，透過古今結合，帶來濃郁的情感與氛圍，例如作家余光中、余秋雨書寫散文經常引用古典詩詞，以優美的意境引人入勝，讀來別有一番風味。在此，我們試著來看看怎麼將古典詩詞帶入我們的文章。

解方 請你跟我這樣做

將古典詩詞化用進自己的文章，最好不僅只是單純引出或背誦就好。單純引用，沒有額外的詮釋與意境的結合，在文章開頭寫：「古人說：『欲窮千里目，更上一層樓。』」這樣的用法還是會讓人感覺他說他的，你寫你的。

記得，即便是背到滾瓜爛熟的名句，也能夠透過自己的情緒來結合，例如談到思鄉，想到月是故鄉明——「人在外地，看到頭頂的月光，『床前明月光，疑是地上霜』的思鄉之情油然生起，我不禁低下頭，想到親友是否也跟我一樣看著皎潔月色呢？他們過得一切還好嗎？」

或者，你也能透過詩句詮釋的方式，來接續自己的文章。例如談到遭遇人生的逆境——「遇到逆境，總會想到國中的我曾經讀到名句『行到水窮處，坐看雲起時。』已步入四十歲的王維這時已經看淡塵事，期盼歸隱田居，隨意閒逛到水流的盡頭，隨處坐下欣賞雲朵的變化，悠閒自在，不要再做情緒的奴隸。」

以上兩種用法，分別是結合自己的情緒，以及在詩句上做詮釋，甚至能夠結合詩人的故事。接下來的數篇文章，你都可以透過古典詩詞的引用讓文章更為豐富，老趙也準備建議詩句可做參考用。記得，寫作沒有標準答案，老趙給的參考並非唯一，唯有能夠自由化用，融入在自己文章裡才是真的學到。

例文一、友誼

孔子曰：「益者三友：友直、友諒、友多聞。」小傑正是具備著這些條件的朋友。只可惜因為父親的工作調動，他必須搬家與轉學。幸好在這個「＿＿＿＿＿＿」的時代，我們有臉書、通訊軟體可以讓我們持續維繫友誼，不因為距離而疏離。

例句：王勃〈送杜少府之任蜀州〉：

城闕輔三秦，風煙望五津。與君離別意，同是宦游人。**海內存知己，天涯若比鄰**。無為在歧路，兒女共沾巾。

例文二、親情

在前一刻還在為芝麻小事嘔氣的我，氣嘟嘟地坐上母親的摩托車後座。印象中母親那烏黑黑的頭髮，竟然已經被渲染成片片白雪，我突然才體會到「＿＿＿＿＿＿＿＿，＿＿＿＿＿＿＿＿。」歲月不只在她的外貌留下印記，也是生活裡累積的憂愁。

例句：李白〈秋浦歌〉：

白髮三千丈，離愁似箇長。不知明鏡裡，何處得秋霜。

❖ 換你來試試看

掌握到訣竅了嗎？總而言之，當你在不知道該怎麼寫，該怎麼接下去的時候？不如讓曾背誦的詩詞放在心裡，有天需要的時候就召喚古典詩人騷客來為我們添點筆墨，引用他們吧。接下來有兩項練習，一個是填空以下文章適合使用的詩句；一個是運用詩句，寫一篇約一百字的短文吧。

範文一：

人生就像一個圓，終點就是下一個起點。「＿＿＿＿＿＿＿＿，＿＿＿＿＿＿＿＿。」然而挫折，不就是告訴我們通往成功的旅程嗎？因此不要被一時的失意打倒，務必要記取教訓，讓人生活得更樂觀而精彩。

範文二：

「先天下之憂而憂，後天下之樂而樂。」

——源自范仲淹〈岳陽樓記〉。意指做官的人應該要造福百姓，在百姓遭遇憂患之前，能替他們預先設想；在人民都得到快樂之後，自己才會快樂。

症狀
33
翻案文章要怎麼大翻特翻

在前面的文章，我們有提到「論說文」可以怎麼來寫，重點就是在據之以理、動之以情，試圖讓人去信服某些事情。然而，另外有一種翻案式的論說文，推翻過去習以為常、約定俗成的事理，提供不一樣的見解。

舉例來說，在大航海時代來臨以前，許多人認為地球是平的，在地圖的四邊之外，是懸崖或黑洞，後來因為科技的進步，透過探索，才發現地球地圖的兩邊原來是能夠相接的。同理回想到我們生活周遭的常理，是否都應該是那樣理所當然呢？翻案文章最可貴的就是那一個截然不同於過去的想法，力排眾議，會格外引得關注，但也相同容易招致批評，因此更需要在論點裡站得住腳。另外舉一個蘇東坡的翻案文章，他曾舉出協助漢高祖劉邦的軍師張良，過去提到他之所以成功都是因為黃石老人贈送給他的兵法，讓他在讀通後能夠屢建奇功。但蘇東坡則提出，張良之所以成功在於他的「忍」——小不忍則亂大謀。因為張良的耐心，創造自己的格局；倘若，張良的家鄉韓國被秦國滅亡時，他如果當時還沒有足夠的能力就衝動地去報仇，可能他就沒有後續這些璀璨的生命篇章可以續寫。因此，黃石老人考驗給張良兵法書時，最可貴的便不是這本書的內容，而是考驗張良的志氣與度量，這才是他真正的用意。這樣的文章看起來似乎也是相當讓人接受的，因此這篇翻案文章，自然格外醒目，並且名留千古。

解方 請你跟我這樣做

所謂翻案，在法律上指的是「推翻之前已經定讞的罪案」。這個部分的寫作需要從前人的論點去引申說明：為何不成立。然後從新的論斷做出新的假設，並證明自己的論點是正確的。唐宋古文八大家之一的蘇東坡，就是有許多翻案的文章留名千古。

撰寫一篇論說文之前，透過資料蒐集、分析與寫作的過程。我們能夠從預期的效果推斷最後的成果，字字珠璣。因此先後順序就顯得非常重要，我們可以從相同方向去找例子來聚焦，也能夠「逆向操作」，從反例推斷正例。如果只是像鸚鵡般不斷重複一樣的主軸，這樣的文章不太具有再次閱讀的價值，但是如果是取例於自身的生長過程、或是閱讀報刊雜誌、電視媒體，甚至課文，重新透過詮釋文本，進而推斷、補充，或是翻案。文章取材也不要選擇太多，聚焦為主，最好是能有自己有所感觸的事，寫出自己的檢討、反省與期許。

有了方向、有了開頭，還需要做一件最重要的事——那就是把熟悉的事情變得「陌生」。我們太容易習以為常，將許多事物當作理所當然。舉例來說，科技越來越發達，生活有越來越便利；但仔細回首來看是否真是如此，是否有其必然性？或者是因為有了需求，我們會想辦法讓自己的生活變得更好，才有了更多的發明。然而，有時這樣也會造成反效果，例如塑化劑與農藥的使用，反而造成人體的傷害，人們開始追求天然與有機，甚至回歸原始的方式自己去煉油。從我們的日常生活經驗，我們能夠開始從一個定點去學習觀察，例如從瓶罐裝的飲料到個人化的手搖杯飲料，我們能夠指定糖度和冰塊，這是我們成長的故事，也是台灣的發展背景。

當然，能夠重新看待人們習以為常的事情，或是探索爭議的事件都是一種方式。而最重要的，就是要與「常識」產生斷裂，在不疑處提出疑點，例如地球不一定是平的。運用自己的言論，加以鏈結其他

症狀34

讓圖表說話，量化你的文字

在網路普及、資訊爆炸的時代，如果擁有良好的整合能力，能夠清楚、簡要的表達，透過數據的分析與訴說，迅速掌握關鍵的評估或預測的能力，並讓寫作應用在更多時機。

是否有過這樣的狀況，看到圖表，只會寫出它的高低及數字，不知如何運用。以上圖為例，我們能夠看到圖表統計的是三家餐廳在平日與假日時到訪數量的表現，讓我們試著依據上述圖表，來找到哪些資訊的線索：

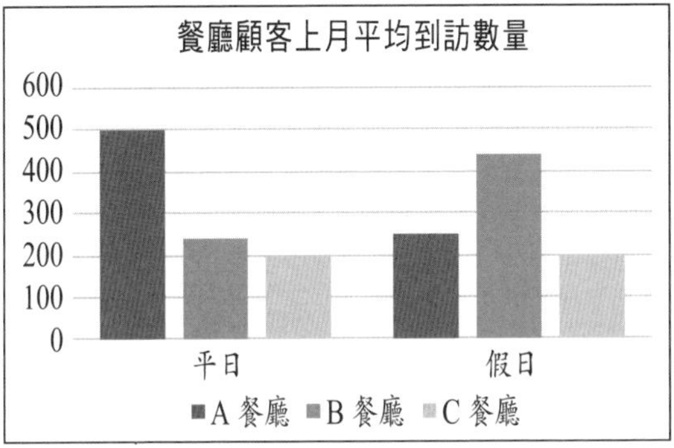

我們看到在平日時，A 餐廳的表

現，遠超過於B餐廳與C餐廳；而到了假日B餐廳則高過A餐廳與C餐廳，以上這些資訊是相當顯然易見的。在沒有其他資訊的輔佐下（例如地緣關係、價格等），我們還能夠找到哪些資訊？有了圖表之後，能作的不是只是說明那些表格、曲線或數字，而更重要的是能讓人留下深刻的印象，能夠翻譯它，分析這些圖表。繼續以上圖為例，我們發現A餐廳一到假日就有相當大的顧客數量差異，B餐廳剛好與他產生相反的差別，儘管如此，我們將平日與假日的數量相加，發現A餐廳仍然高過於B餐廳，這時倘若我們是B餐廳的經營者，或者我們能把握假日，拉攏更多的顧客來訪；而如果我們是A餐廳，或許更要把握平日的商機，推出更多元的選擇。然而，這時我們如果是C餐廳的經營者，不論在什麼時候都在三家餐廳中敬陪末座，但我們卻能發現C餐廳的顧客數量是不受假日或平日的影響，找到屬於C餐廳的優勢。

在這個部分，我們著重在點出重點。單純去說明圖表上面的文字，不會是太困難的事，最重要的，仍是如何運用圖表來佐證。能夠懂得在寫作中運用量化的能力，彷彿能掌握一個清楚的模型，快速讓人弄清楚自己所要表達的東西。

解方 請你跟我這樣做

首先，我們能從認識的幾項基本圖表，來配合自己想顯示的訊息，我們可以運用的有長條圖、折線圖、或圓餅圖……等，但可以在哪些時機來做運用呢？舉例來說，「長條圖」與「折線圖」都能表現上升或下降的變化趨勢，長條圖能透過長度的視覺來表達，可作為「同一條件下互相的比較」，舉例來說，某班在期中考的考試分數，或是A、B、C公司在某年的業績量；折線圖則能表現數字的變化情形，舉例來說，某班在期中到期末考的成績，或是A、B、C公司這五年來的業績高低。另外，「圓餅圖」則適用在佔全體的百分比，舉例來說，某次民意調查的比例，或是全班成績的區段分布（以十～二十分作為區段）等。

請注意這裡的時間軸務必要弄清楚，讓圖表說話，必須注意其中給的訊息：裡面的數字、線條，以及是否重合與相差最多的，這些都是能夠加以發揮的點。我們在圖表之後，能寫出「該圖呈現出……的資料」，但切勿忽略了文章本身除了說明數據，用字依然能盡量豐富。

❖換你來試試看

第四篇

寫作，還可以有許多的應用

症狀35

從一張圖，如何去作廣大的聯想呢？

小時候，我們看著天上的雲，想著他們是棉花糖、兔子、或是各種稀奇百怪的圖像。

從「看圖」的過程中，是否你會獲得什麼樣的感想呢？我們可以聯想到什麼？我們可以發現，因為每個人對於圖像的理解與感想不盡相同，藉由這樣的測試，就是一種邏輯思考的過程、聯想力的發揮，這些都是可以培養與反覆練習的。當我們能根據畫面裡所見到的範圍加以敘述之外，就能做出想像的延伸，找到「圖外之意」。在這裡，我們必須先具備三項基本能力：

一、**文字描摹**：能夠將看到的圖像，用最適當的文字來表達。

二、**聯想貫串**：用豐富的想像力，寫出一篇豐富而合乎邏輯的文章。

三、**用心體會**：不能只是天馬行空，必須能從細節看出作者的心思。

解方 請你跟我這樣做

緊接著，讓我們試著就以下的圖來連結，可以看到的，牠是一棵「樹」，我們可以如何將此入題。在此，老趙首先根據這棵樹作了描摹，牠是一株百千層的老樹，見證了許多當地的歷史，也參與我們生活的故事；接著，透過「聯想」，從「白千層」到「腦千層」，帶出了自己過往的回憶；最重要的，就是用「心」來寫，帶出自己的感情。

示範短文／〈大樹〉

我們曾擁有那樣一座，屬於我們的大樹。

在前幾天，伴隨颱風而來的一夜狂風亂雨，似乎圍困住這座城市。好不容易，到了晨間，颱風似乎遠離，本想趁著可貴的工作假期，出外迎接好天氣，出門才走了幾步路，竟發現在家附近的那棵「白千層」老樹，竟也跟著其他樹木皆頹然傾倒在馬路上，同時也堵住這條道路，往來的車潮。

一幅幅往事的畫面卻才開始，爬上我的腦千層，飛越我的腦海回憶。

「你覺得有天，我們的夢想都會成真嗎？」我們總喜歡在下課時，在樹下一起聊天一邊坐在鐵椅上，聊班上有趣的事情、聊昨晚抱著狗狗 Yuki 睡覺，牠卻灑了我一身尿，漫談著彼此的夢想，相互鼓舞。

那些畫面，彷彿歷歷在目，我走進樹旁那家老婆婆的小吃店，裡頭擠著滿滿的同學，聚會、聊天，依然把青春炒得熱烈。好像我們還在最角落的那桌，等著我拿出數學習作檢查彼此的計算過程。

我們的的回憶，那棵樹，始終參與。

又或是，莫非，是我親手把時間搞丟了呢？

在某些空間裡，時間的流淌像是凝滯的那株樹一樣；在那裡的鐘，彷彿沒有指針一般。直到因為你父親要調職至國外，還來不及參與我們的畢業典禮，你就已經搭上飛機，離開這塊熟悉的土地。

或許吧！「或許，我們可以選擇恐懼、選擇逃避那些人生課題。仔細聽聽，台灣的每一寸土地彷彿娓娓傾訴，這些跨過時間斷層而成長的自己；勇敢穿越青田鬱林、建築樹人的自己；即使面臨迷惘，我們仍勇敢的寫下自己的故事，是否應該為現在的我們感到驕傲？」這是我後寄不到的回信。

我想，現在的你，在某個地方，應該很知足、很幸福吧。

❖換你來試試看

承繼以上的文章，若今天換作是你，將一棵「樹」作為題目，你會如何來寫呢？當然，不只是大樹，也可能是一株幼苗，或是照顧著它成長的過程，又或是以遊記的方式來呈現，也是不錯的方式。

題目：〈樹〉，三百字。

症狀36

看圖來聯想

我們有以下步驟可以參照：

看圖寫作重點

在要準備展開看圖敘述之前，我們必須先弄清楚什麼是主體？細心觀察圖畫中有什麼？是否圖畫是有條理地隱藏某些細節可供讀者挖掘。

弄清楚圖畫中彼此人物或物件的關係，接著可以引申到圖裡細微的喻意。通常，這些道理是「意在圖外」的。

試著先行確認用記敘或抒情的方式呈現之後，圍繞著題旨展開合理的聯想，並用情節補足未能完整畫出的含意。

經過前面的解說以後，是否你也能掌握看圖寫作的訣竅與要點呢？現在，邀請你小試身手，依下列四個步驟，是否你能從上文「圖的聯想」裡的〈大樹〉中，試著找到看圖寫作的四項步驟中，作者使用了哪些文字！

解方 請你跟我這樣做

四項要點：

一棵長得非常茂盛的樹。

但樹皮上紋路很深，上面也有些刻紋。

用樹木象徵時間。

從樹下共同的回憶切入，並寫那時還小的自己與後來長大的自己睹物思情。

看圖寫作步驟	看圖寫作重點
找到主角	我們曾擁有那樣一座，屬於我們的大樹。
把握細節	（看到「白千層」老樹的倒下）一幅幅往事的畫面卻才開始，爬上我的腦千層，飛越我的腦海回憶。
體會寓意	跨過時間斷層而成長的自己；勇敢穿越青田鬱林、建築樹人的自己
發揮圖旨	在某些空間裡，時間的流淌像是凝滯的那株樹一樣；在那裡的鐘，彷彿沒有指針一般。

症狀37 秘密藏在照片裡

阿帥喜歡畫畫，他擁有豐富的觀察力，也能畫出非常豐富的圖畫。但是如果要他要用文字表達，他便只能支吾其詞。

他花一個小時，便能夠畫出一幅頗具水準的素描作品；但一個小時，可能他只能寫出一段一、兩百字的文字。並且還經常停留在：「今天，我在……看到了……感到非常的開心／難過……。」

對於這樣的情況，阿帥總是搞笑笑地說，「天生我材必有用。畫畫難不倒我，但叫我寫一篇作文，可能我可以畫五幅圖畫了吧。」

在這樣的回答，可喜的是看到他對自己喜愛的事物充滿信心，但也是比較值得注意的是，隱隱他已經對寫作這件事情產生排斥。與其如此，不如結合他的樂趣，從他的樂趣來試試看自己可以做好的事吧。

解方 請你跟我這樣做

所謂「陽春召我以煙景，大塊假我以文章」，寫作的題材可以來自於對人事物的觀察，延伸到體會後的想像。

看圖說故事是想像力的高度發揮，但是，不能流於「天馬行空的瞎掰」。在一邊找到圖的細節同時，一邊想著如何鋪敘，運用到思考力和寫作力。

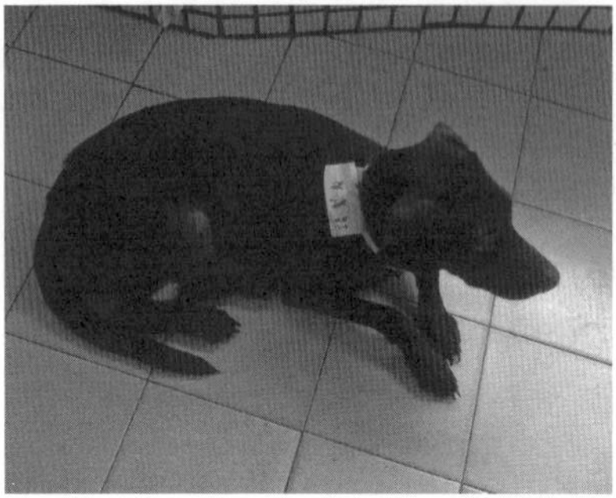

在此，要特別注意的是，避免「流水帳」般的敘述，並且把握三項要領：觀察發現、推論分析、找到重點，便能從圖像裡頭挖掘出背後隱藏的意義。

讓我們以圖舉例吧。下面這條汪仔似乎憂鬱的趴坐在街頭邊，在它項圈上黏貼的黃色便條紙卻這樣寫著：「請幫我洗澡。」但奇妙的是，當時在牠的身上，卻看不到任何有髒污的地方。

接著，我們可進行一連串「自問自

答」，試著在過程中找到有什麼收穫？或是和同儕間，用「互動式的發問」問問別人、想想自己，想想有什麼地方可能是疏漏的。

例如：

問	答
你覺得他是有主人的嗎？	他有項圈，或許牠是走丟。
答	問
或許真的沒有，或許牠根本是被棄養的，才有那張紙條。	那你覺得他有主人嗎？
問	答
你覺得紙條是誰貼的？	好心的路人吧。
答	問
可能是不負責任的主人吧。	那你又覺得是誰貼的？

從上例可知，「問」的過程，其實就是在閱讀圖像時訓練理解與思考的能力；也可以用「第三人稱」的角度來思考，在「答」的過程中，則為表達與書寫的綜合能力，如何說得有道理、有條理。我們除了用以上反問的方式來進行，也可以設定「角色扮演」，甲是「路

人」；乙是「狗」，彼此進行問答：

甲：路人	乙：狗
問	答
妳在這裡幹嘛？	我在等主人來接我。
答	問
我幫妳公告，或許他不知道把妳弄丟在這裡了。	你有看到我主人在這裡嗎？

❖換你來試試看

由此可以得知，問問題的方式可以從各種角度來切入，並且也可以透過這樣的互動模式，開啟彼此的對話，激發彼此的創造力。最後，讓我們從上文中學到的方式，除了一問一答的方式以外，問問同學看到些什麼？想問些什麼問題？並統整八～十個問題，開放給大家作答，比賽誰答得最有趣，最有想像力！

問

答

症狀38 學寫一首兩行詩

好的文章是沒有標準答案的。而寫詩，許多詩人一輩子在追求的就是——什麼是「詩」？

有些人說，詩的文字是有美感並且經過精雕細琢的；也有人說，詩是適合朗誦歌唱的，透過多種文學技法，例如譬喻、轉化或是象徵等，將經驗與想法讓讀者們可進一步的作聯想。每個人都可以是詩人、都可以是作家。保持好奇心，讓任何事物都變得富有生命，用各種感官去重新接觸世界。

解方 請你跟我這樣做

寫詩，就像寫文章一樣，都可以從欣賞他人的文章開始學習。但寫詩，絕不能只是用「直述句」，往往要腦筋轉個彎，領會作家希望讀者去了解的事物。舉例來說：「我是林老師的學生」與「智慧是良心的學生」。前句只是在論述事情，論述林老師與我之間兩個人的關係；但後句則是兩者抽象的事物來建立關係，再高的智慧也是要有良心看齊，對社會產生正面的影響，而非運用自己的長處來為非作歹。

以此類推，我們如果用「雨是○○的○○」，我們能夠如何運用轉化、譬喻，讓這句話更加生動。當然，也可以說是「雨是今天的天氣」。但這樣的比喻，較難產生多方面的聯想；如果是說「雨」，是否想到天上的雲朵、太陽，由上落下的動作，是否能聯想到射箭、眼淚。因此，我們能夠組合成：「雨是雲朵在射箭」或「雨是太陽的眼淚」。

目前為止，若能夠運用「A像是B」的「簡喻」句法，已經往詩人之路邁進一大步了。接著，就是最重要的，如何找到用B的特性，來詮釋A，這個則可稱作「詳喻」。

以上面兩句為例：雨是雲朵在射箭，而雲朵則是一支支命中紅心的神射手；雨是太陽的眼淚，太陽躲在雲的後面怕被人看到會不好意思。

這都是我們運用想像力的魔法，讓兩個單純的事物，相互連結後產生不一樣的變化。不論是否使用譬喻或轉化，重點是我們可以用不一樣的語言或巧思，讓人們有不一樣的感受。

❖換你來試試看

以下是阿拉伯數字，你是否能施予他們一些想像力的魔法？讓他們能夠用不一樣的語言出現，一句也好。舉例來說，我們可以從他們的形狀，或者他們跟某些商標作結合。

0	1	2	3	4
5	6	7	8	9

症狀39 寫出一個進階的好詩

有了前面的練習後，是否對於寫詩這件事，可能產生一種「好像知道但又不懂」的感覺？

這是非常正常的。寫詩，原本就是一件非常朦朧的事情。寫出的詩，有時別人不一定懂作詩的人要表達的內容；而寫詩的人，有時候也會對於讀詩的人讀出另一種滋味而感到驚訝。沒有孰是孰非，這就是文學奧妙的地方。尤其是詩，最簡短的文字，蘊含最深入的道理。

有古人說過，最難寫的近體詩，當屬「五言絕句」。因為同時要兼顧格律與內容，平仄、押韻、字數都要相當嚴謹的使用，內容又不可受到形式而為此限制。即便到了現代詩也是一樣，開始學寫詩以後，可以找老師家長與同學朋友看看自己所寫的，是不是能夠了解裡面的意思。

要對自己的作品有信心，每個作品都有他獨特的面貌與生命，不要為不成熟的作品感到羞赧；要對自己的作品有彈性，畢竟作品是需要他人的詮釋，不可流於孤芳自賞，而非僅是自說自話，晦澀的作品不容易讓人去理解裡頭的意思。

緊接著，讓我們立即來看看，若你讓自己的詩藝，更上一層樓，可以怎麼做？

解方 請你跟我這樣做

從前，有一個人收到友人寄來上好的食材，青菜、豆腐、雞蛋，以及許多佐料。不由分說，他開心的立刻把丟進同一個鍋子裡。於是，成為一碗美味的青菜豆腐蛋花湯。

蛋花湯沒有不好，但當我們同時獲得這麼多的佐料時，是否我們能夠找到他們獨特的價值，個別搭配不一樣的食材或料理方式，或許能夠成為一餐特別的佳餚。

❖ 換你來試試看

症狀40

是否你能透過封面來聯想一本書？

有許多時候，不論是電影海報、或是書的封面，都會提供許多線索，告訴我們這本書或電影，主題是什麼？

封面就像是一個人的外表，能夠讓我們透過觀察力與想像力，猜想這篇作品的主題，尤其是繪本，繪者所提供的各種細節都值得我們推敲。

（斑馬線文庫出版，繪者：殺蟲劑）

最簡單的方式，我們可觀察封面出現了哪些人物或物件結合書名，猜想這篇作品在說些什麼樣的內容。將以下這本書的封面為例，試試看我們能夠在以下的作品得到什麼樣的訊息？

解方 請你跟我這樣做

在以上的封面，是作者先前的詩集封面。書名為「遷居啟事」，封面為何特意將「居」做反白，當然能有非常多的方式能夠解釋，或者能說，在這本書所寫的「日常」，就像是那個「居」，是固定的生理時鐘。但封面裡的女主角，正是準備著行囊，準備邁開一段旅行。而地上，是癱軟的時鐘，這樣的景色幾乎只能在夢中才能見到，也扣合在這本詩集裡的慣用語：夢、海、時間——那些逝去的記憶可能不再回來，但我們能透過活得當下，讓過去與未來都產生意義、產生改變。

當然，在解釋封面的過程，我們能夠結合各自不同的想像與生活經驗，而擁有不同的解讀與聯想。最基本的，我們能透過封面，找到「人、事、時、地、物」的基本要素，或許還能以此了解作者與繪者的個性，除了封面出現了哪些東西，封面如何構圖、配色，是簡約或是精緻風格，都說明了這個作品所附帶的意義。

接著，讓我們以許赫的《囚徒劇團》封面為例，看看在封面裡，找到了什麼東西？舉例來說，主角出現在哪裡，他的裝扮、表情為

（斑馬線文庫出版，繪者：林家維）

何？

我們首先可以在封面裡看到有一個男子留著小平頭與鬍子，眼神空洞，並與監獄裡的犯人一樣舉著牌子。接著，試著預測書名，結合了封面的圖像與書名，你覺得這樣的書名可能在表達什麼樣的意思？乍看「這個男子」是被安置在圍籬裡頭，但在頭像的圈圈，似乎可見編輯所設計的巧思，這個臉孔是能夠被替換的，而這個男子在書裡的身分，也相對可替換成居家或上班的服飾等。可見他並非是因犯罪才有這張猶如犯人登記的自畫像，我們同時可以解釋作者或許在不斷創作的過程，在書寫一萬首詩裡，他不斷面對自身的孤獨，以及不斷對於生活產生疑惑與解答，其實，也是表達有些生活現實所出現的苦味與無奈。

如果你是作者，你看到這樣的封面，你會如何解釋？或你可能如何聯想出這本書的主題？

接著，讓我們再看到另一本書的封面：林于玄的《換貓上場了》，讓我們試著練習：

1. 觀察細節：在封面裡看到了哪些人物與物件？
2. 預測書名：以書名結合圖像結，猜想這樣的書名可能在說些什麼？
3. 試圖聯想：猜想在這本書裡是講什麼樣的故事？是什麼樣的風格與文體？

（斑馬線文庫出版）

在《換貓上場了》封面，我們能夠見到一隻貓與一位女孩。關於貓，我們就有非常多的聯想，不論是形容這女孩的性格像貓、或是這隻貓的個性如女孩那樣，都更得到不一樣的答案。當然，更進一步，封面繪者也可以跳脫讓人照圖說故事的線索連接，可以誤導讀者往另一個方向猜想，最後得到令人驚喜的結果。舉例來說，像知名作品《夏綠蒂的網》，夏綠蒂不是女孩、也不是那隻農場裡的小豬，是一隻蜘蛛。在這本書裡，指的是那隻小豬韋伯可能會遭到殺掉拿去賣，但小女孩哭喊著希望能當她的寵物，然後小豬熱情的生命力感染周遭的人與動物。後來小豬韋伯跟蜘蛛夏綠蒂成了好朋友，尤其是當每個人都害怕夏綠蒂的樣貌而不敢靠近，只有韋伯反誇她非常美麗。而故事的結尾，是某天農場的老綿羊告訴韋伯在聖誕節，小豬就會被殺掉，夏綠蒂為了拯救韋伯，用畢生之力以蜘蛛網來寫字讚揚小豬的出色，讓他成為家喻戶曉的豬，就免於被殺。

❖ 換你寫寫看

你是否能找到一本書的封面（具有圖像的，非純文字），或一個電影的海報，試著告訴人家，你在封面看到了什麼？裡頭可能說的，是什麼故事？

症狀41

寫一篇能夠推銷商品的文章吧

寫作的用途，不只是為了考試或交作業；善用寫作的能力，能應用在非常多的事情上面，而能夠最容易看到成效的，就是寫一篇推銷商品的文宣。

推銷商品的文宣，就像是找到與顧客溝通的方式，用投其所好的方式，或者是用創意讓人一目了然，讓顧客留下深刻的印象。一篇好的文宣，最重要的，要讓讀者有眼見為憑的感覺，讓讀者對於商品產生渴望。例如，為什麼經常推銷商品需要代言人？因為他們需要商品的形象，讓目標族群死忠地跟隨著，因為這些「代言人」，有獨特的魅力與說話藝術。

以一種最常見到的廣告手法就是使用產品的「使用前」與「使用後」的對比。然而，這不就是平常學習修辭技巧裡的「映襯、對比」嗎？然而，也像文學修辭一樣，用太多的技巧去粉飾，可能讓觀賞者反而感到疲乏，不知道原先在講的是什麼樣的產品？因此，我們能夠帶給讀者一些意外的驚喜，將線索埋藏在每一個文字裡，直到最後揭開謎底時，大出所料。

解方 請你跟我這樣做

要寫一篇推銷商品的文宣，從找靈感開始吧！有什麼方式能夠找靈感呢？例如，多觀察吧！從日常生活中觀察行為、觀察反應，了解大家在做什麼？在想些什麼？

能夠推銷產品的文章，大部分是要投其所好。例如優惠的價格、頂尖的品質、萬能的功用、品味獨特，甚至結合流行。但人家輕易想得到的，往往也是雷同度最高的，也容易被遭受取代。例如，寫泡麵的宣傳，大多都是從它的香味、方便食用的特性、甚至價格來做文章。如果只是單一面向，那就會顯得單調無趣。但是，如果我們可以寫出這碗泡麵背後的故事，日本職人的堅持、老師傅的思鄉情緒、母親帶給孩子的家常味等，往往讓這碗泡麵就多了一份有溫度的價值。再來，這個泡麵的味道不是不能寫，而是要寫出它的獨特，例如麵體、湯底的特殊性……等。再舉個例，當大家都在為泡麵削價競爭時，這時候突然出現一碗泡麵，號稱是貴族等級，費用是原先等級價格的三、四倍之高，季節限定、用料講究品質，反而會引起饕客的注意，在名稱上再冠上「牛肉麵的家鄉」或地名，讓這碗泡麵進入美食家的搜索雷達中。

許多人應該都聽過折斷十根筷子的故事，故事內容大概如下（既然是故事就有非常多的版本，但為了環境保育與愛惜物品的原則，內容請勿在真實生活中模仿）：「三胞胎兄弟有次與父親一同吃飯，但調皮的小弟把手裡的一根筷子給折斷，大哥、二哥也有樣學樣，接連拿起自己手裡的筷子給折斷，這三兄竟然接二連三地吃飯前，就把自己手裡的筷子折斷了，父親見狀後並沒有責罵他們，反而是若有所思地看著旁邊的筷子。於是父親各給了他們五雙筷子，他們儘管是面紅耳赤、青筋暴露，都還是拿自己手上的筷子沒輒。」最後故事的寓意是要他們學習「團結力量大」。如果是提神飲料的文案，我們可以稍加變化，在他們喝了以後哪怕是十雙筷子都拿他們沒輒。如果是網拍廣告的話，可以這樣設計……父親從廚房內拿出金碧輝煌、雕龍畫鳳的筷子給兒子折，但兒子說什麼也不理父親，父親最後將筷子給折了，三兄弟立刻跳了起來，說要告訴母親，父親把她最心愛的筷子給

症狀42 學會和讀者聊天

聊天，是一項生活的技能。除非是離群索居之外，我們都必須透過溝通來表達自己，或是拉近彼此的距離。

聊天可從彼此的興趣來著手，讓對方期待自己即將說出的話，或者是享受當下愉悅的氣氛；然而，成為一個談笑風生的人，並不是片刻就可以養成的。總是會有人對自己開的話題感到索然無味，或是感到尷尬或排斥，因此我們更能夠透過聊天，來得知彼此的感受。

聊天在簡單寒暄之後，延續話題是重要的。能夠找到讀者可能感到興趣的東西，再進而開出不同的話題或是深入。台灣綜藝天王吳宗憲在出道以前有個習慣，他會利用瑣碎的閒暇時間，隨身帶一本筆記本，記下趣事與想法，不論是自己想到的或是別人告訴他的，這些都是靈感的泉源。

舉例來說，我們可能跟父母或同學聊著就是校園內發生的事，在玩線上遊戲或球類團隊的「戰友」聊著競賽的事，透過學校（或工作）、休閒、與家庭的話題，總是會有一些話題，會讓對方深感興趣。不妨讓我們下次觀賞綜藝節目時，一起來看看主持人是如何來開場、接續話題，讓現場來賓盡情發揮吧！

解方 請你跟我這樣做

聊天並沒有所謂的標準答案。打開話題，第一步最難的就是「勇氣」，因為不知該怎麼開口，或是不得而知對方的反應，就像寫作一樣。開頭時總希望留下一個好印象，或是能夠與眾不同。其次，就是內在的「深度」與「廣度」，增加知識與涵養，不論在談些什麼東西，都能夠觸及一二。是否你也有過這樣的經驗，可能自己對烹飪很有興趣，看到一篇關於烹飪的文章，很快就引起相關經驗的共鳴，利於拉近彼此的距離。

更重要的是，要學會幽默以對。儘管學問淵博、才思泉湧，文章卻讓人覺得死氣沉沉，可能才寫了幾句話，就讓人想要逃之夭夭。但也不要因為這樣，刻意去找到笑點，盡量不要用挖苦別人作為笑料，或許短期間能帶來不錯的效果，但終究會使人難堪，倒不如講些自己

的糗事，

聊天困難的地方，就在於如何能夠讓對方感到興趣，打開耳朵與眼睛仔細觀察與傾聽，並用一些開放式的問題來引導對方，進而分享自己的相關經驗，不論是辛苦談、自己的觀點看法、或是趣事，決不是用「好」或「不好」這種簡答的方式讓自己很快吃到閉門羹。

最後，讓對方覺得這次的聊天是有意義的。可能獲得笑中帶淚的感動，可能笑容放鬆，可能獲得新知，或者激勵讀者，讓讀者肯定自己，重新找回人生動力。額外附註，切記不要太刻意強迫自己寫搞笑的文章，當一篇作品在連雛型都還沒出現的時候，就已經充滿作者的企圖，基本這篇作品就已經沒有自己的生命與靈魂了。

❖換你來試試看

相較於聊天是雙向而互動的，寫作比較像是自說自話，甚至有個想像的讀者聆聽著自己說的話。而我們的寫作對象，究竟是誰？寫日記的對象可能是自己（或是過去的、未來的自己），可能是閱卷老師與評審，可能是自己的心上人等，然而我們分享的故事也與這些故事

症狀43
練習作筆記

打從開始學習的時候，我們也開始學著做筆記。在課本上，除課文外，我們開始抄寫老師所給的重點，同時隨著我們學習能力與理解程度的進步，我們開始能夠將老師的口說內容抄寫下來。除了教室學習之外，我們也能運用筆記來提醒自己，像是球藝、廚藝、繪畫等，都能透過筆記，將自己的缺失記錄下來，好讓自己的能力精進；此外，在會議中，我們也能藉由筆記，提醒自己這場會議的重點，以及預先記錄下來即將要在會議裡表達出來的話。

筆記寫得多不見得就是有效。但是，許多時候成績名列前茅的人，往往都有不錯的筆記功夫。這個重點不是筆記抄得多美，在於「用心」。有時候，全神貫注地只在意紙上抄的東西，不如先用看的來理解一次，還比較來得有印象。但是如果真的在當下無法解決，也沒有辦法有獲得解答的機會，不如把它們都抄寫下來。這就像是在學校裡被罰寫一樣，有時候就算罰寫一百次的課文，但心思沒有在裡頭，始終對於課文本身的了解有限。

抄得多，不見得懂得多。寫了大多會有印象，但如果還要將黑板之外的重點，將老師說的話，寫得鉅細靡遺，根本不太可能，所以就要找出方法。

找出方法能夠用筆記忠實呈現上課時的情況，適度喚醒課堂上老師提點的記憶，讓筆記如影隨形地在我們腦海裡，並非鸚鵡學語似地重現。

解方 請你跟我這樣做

如今，坊間已經有太多教人家怎麼做筆記的書，以下舉幾個例子：有運用多顏色筆的方式，例如預習的時候參考書讀到的補充使用藍筆、老師在課堂提點的重點使用黑筆、而自己在隨堂測驗完所不清楚的概念或做錯的東西，再用紅筆作為醒目得提醒自己；另外，再用螢光筆將課文重點註記，並能同時將前面所作的筆記作加強的補充。當然，顏色並非一定要用這些顏色，可以交換，甚至加入不一樣的內容，但一定要有一個自己的規律，免得最後自己混淆了筆記內容的優先次序。

另外，也有使用心智圖的方式。在筆記中間寫下核心重點，然後以此作為樹枝狀的發散，並且能夠做有層次的分類與演繹。舉例來說，若將「甲午戰爭」做為中心，第一層可分別以「國家（人）」、導火線（事）、年代（時）、戰爭地點（地）、結局（物）」作為分層，然後可依序這樣往下填寫：人—清朝與日本；事—朝鮮半島的戰爭；時間—歲次甲午，西元一八九四年；地—朝鮮半島、遼東、山東半島與黃海等地；物—最後由代表李鴻章與伊藤博文簽署馬關條約，賠款割地，也正式成為中日在戰後發展的轉捩點。然而，可以同時再就各個層面去做延伸，例如「人」—戰爭領導由丁汝昌與李鴻章負責；「事」—能夠看到當時政府的懈怠與輕忽，在那之前日本早已預謀很久，剛好可有理由藉機攻打；「時」那年正值光緒二十年，日本則是明治維新時期，船堅炮利，藉當時的朝鮮問題，最後引發了這場戰役……以上，從時間、地點、人物等因素，都可以彼此延伸並且結合，融會貫通成為屬於自己的筆記。

總而言之，最好的方式就是選一個自己喜歡，並且能夠習慣的方式。義大利文藝復興的天才美術家達文西為例，他寫下了為數相當可

❖換你來試試看

發明家愛迪生曾說：「天才是百分之一的天份，加上百分之九十九的努力。」在他留下可見的發明有近四千件可見他的勤奮。綜藝天王吳宗憲在出道前，經常用筆記本記下許多的創意發想，成為他日後主持時的靈感來源之一。筆記除了能記下課程重點好來面對考試之外，最重要的是許多人運用筆記蒐集資料，即便來源零散，能夠養成思考的邏輯與線索。

現在，能否朋友能拿出最近一次課程的筆記，與朋友或老師討論，你能夠如何調整？並能彼此交換筆記的內容，觀摩他人是怎麼做筆記的。或者，能夠觀賞完三十分鐘的電視新聞（任何一台皆可），能夠試著記錄今日新聞的重點。

症狀44 讀書心得可以怎麼做（啟示）

好的一篇讀後心得，能夠從一本書帶出一個世界。

或許，第一次要來寫一篇讀書心得的時候，我們會不知如何下筆？最典型的方式，就是先根據書的內容，依序寫出：主題大意、心得感想、獲得的啟發與延伸的評論。最忌諱的就是直接完全抄寫書封給予的摘要，當作是自己摘錄的主旨大意，不論是書中給予的內容摘要與網路的資料，都是蠻好的參考索引，但如果沒有經過消化過，就直接擺上當作自己的作業內容，就會比較可惜。

舉例來說，我們看完一篇典型的童話故事書《三隻小豬》，由不同的人來述說內容大意，當然會擁有不同的文章架構與表達方式。而內容大意通常是大同小異，主要是三豬兄弟因為懶惰或勤奮的緣故，豬大哥、豬二哥、與豬小弟分別蓋出草屋、木屋、磚屋，在遭遇大野狼的攻擊後，豬大哥與豬二哥的草屋與木屋都分別被大野狼吹垮，兩位哥哥狼狽地逃到豬小弟的磚屋裡，大野狼怎麼樣也吹不倒豬小弟的房子，最後大野狼要從煙囪跳進去，但豬兄弟已經準備好滾燙的熱水，讓跳進去的大野狼被燙了以後，夾著尾巴逃跑了，再也不敢去騷擾小豬……最後，三隻小豬過著幸福快樂的日子。

讀書心得的重點，不只是內容大意的說明，而是讀後心得能夠讓人印象深刻，或是看出許多讀者可能沒有看出的地方而令人驚奇。

解方　請你跟我這樣做

讀書心得，如果是作業或讀書會的部分，又可分有「指定書」或「自選書」。書寫讀書心得的方式可有以下的步驟：

1. 仔細閱讀。甚至在令人印象深刻或可引用名言佳句的部分準備便利標籤標註。
2. 整理內容大意。可就某個點來作為討論，除了書裡面的內容之外，裡面角色的想法、行為，甚至還能延伸到現實周圍的時事、或自己的生活經驗等。
3. 看完書以後所帶來的啟發。例如讀完上文所提的《三隻小豬》，我們發現要勤勞、居安思危、或是對於自己的兄弟手足相親相愛。

4. 針對作者的生平背景來寫。舉例來說，由知名小說所改編的《魔戒》，所塑造出的奇幻世界與神話精靈令人嚮往。這些都與作家托爾金的學習背景息息相關，他的所學就是關於語言考古與歷史的研究，而又，他又參與了戰爭的時代，見證到戰爭的殘酷，都成為寫作時的養分。托爾金有位好友，路易斯，著名的作品為《納尼亞傳奇》，他們彼此鼓勵，而找到這些作家們相互影響的線索，也是蠻好的一個切入方向。

5. 舉出另外一篇（以上）的作品，找出相似的主題或背景來比較。當我們要寫甲書的讀後心得，我們能夠再依據與作家同一個時代、作品裡同一個時代環境、同一位角色、類似的情節……等，找到另一篇的作品來作比較。舉例來說，我們要寫朱自清的《背影》的讀後心得的話，我們可以從《背影》的父愛與《紙船印象》的母愛來作比較；我們可以從朱自清與徐志摩的寫作風格來作比較，一位是寫實描繪、一位是浪漫情懷；我們也可以從《背影》為題，發現三毛也寫過《背影》，找出其中的不同。

以上，是讀後心得的幾種方式。在1到3的方式，都是能從作品本身來作延伸，有時我們想得到，其他人可能也想得到。而4到5則是能夠作出外在的延伸，切記，好的一篇讀書心得，能夠從一本書帶出一個世界，還是記得要回歸到原本的書目。

❖換你來試試看

現在，換你來找出一本書，參考前面給予的步驟訣竅，來寫出一篇三百字內的讀書心得吧。

參考篇目：朱自清〈背影〉、羅貫中〈草船借箭〉……

症狀45

一周大事、新聞大事可以怎麼做

在每一周，每個人的生命都遭遇了許多大大小小的事。在國高中階段的日（週）記，通常都會需要有整理「一周大事」的功課。最快的方式，就是找到一份周日的報紙，通常都會有整理一份「一周大事」的欄位，讓我們能夠快速掃描過本周所發生的大事。然而，如果在同一個時間，再多找幾分報紙的「一周大事」，便會發現大家所謂的「一周大事」都有所不同。

在多報間通常會有的共同點，就是在國際或國家裡所發生具有頭條新聞等級的大事。舉例來說，九一一恐怖攻擊案、九二一地震、新任國家元首選舉案、四年一度的奧運盛大展開……等，通常都會出現在許多報紙裡的一周大事。而有些民生的新聞，則不一定會在每個報紙裡出現在一周大事，例如咖啡、泡麵漲價……等。

以此來看，我們要來書寫、或者述說的一周大事，便要看你用什麼觀點去詮釋或延伸。

解方　請你跟我這樣做

「一周大事」，顧名思義，就是在一個禮拜裡面所發生的大事。

在這裡頭，在五大要素的「人、事、時、地、物」，我們能找到的就是時間的取徑在一個星期裡頭，而其他正待我們來補足的，正是我們可以發揮的。

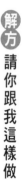

首先，我們可以看到地點。這一周大事，是國際間的一周大事，或是含括全國各層面的一周大事，甚至是聚焦在某層面。舉例來說，光看每天報紙間索取的頭條，便各有巧妙不同，除了不同的立場之外，也有關照經濟的報紙、或是體育新聞、娛樂新聞等。這裡面談論的就是不同面向的人，體育報看的是運動明星、娛樂新聞看的是演藝人員、而校園大事便是在學校裡的風雲人物。

關於事情，我們看的不能只是他們的動態，不能像在動物園走馬看花而已，而是能夠多費一些心力去觀察；最重要的是，提出自己的觀點。舉例來說，當我們書寫外籍勞工的新聞，我們應該能更深入看到他們對於國內的人口與環境造成什麼樣的變遷？（切記，許多事情不能只是一味地批評，而是要提出自己的觀點與想法。）又或者，有些新聞提出全國中小學放學的時間應該提早。而我們除了把這個議題陳述清楚之外，是否還能做到列出優缺點，進而提出自己的見解——優點是有更多的時間能夠與家人相處、缺點是反而導致讓學生花更多的時間在補習班的安親班……。行遍萬里路，好比讀過萬卷書，當我們多多留意新聞大事的同時，無形也在增加自己人生的閱歷，並能為自己的談話增加厚度。

❖換你來試試看

試著寫寫看吧！寫下上一周的一周大事。分別用「條列」列出六項各二十字以下的大事；以及用「分段」的方式用兩百～三百字寫下一周大事（書寫一件以上即可），並試著融入自己的見解。

症狀46 平常寫作可能跟考試作文所寫的文章，有什麼不一樣？

在台灣的教育體系，不論是升學考試或求職，作文都佔有相當重要的比例。好的作文能力，幾乎等於好的表達能力，能夠把話說得清楚，並言之有物，具之以情，具之以理。然而，考試要面對的是給分的標準與評審的意見，按照文章的美感和結構評分。考試作文是有限時間內完成，並有限定命題，題型得出法也有個大致的走向，而評審也必須在有限時間內批閱。

然而，一篇文章最會先被評審審視的，通常就是首尾段。首段是否能讓人耳目一新？而尾段也不要落入俗套，並且不要把重點給扯遠了。首段通常便是決定一篇文章幾分開始起跳？倘若是太一般的開頭，「今天……」、「有一次……」、「我……」，很容易會被評審認為是大同小異的文章。但是如果開頭以警句開始，論友情的文章，開頭先寫「朋友就像一本本的好茶……」，或許會勾起評審好奇，作者會如何寫下去，並怎麼鋪陳這篇文章；或是一篇論成功的文章：開頭若寫「失敗是邁向成功的階梯」，不僅開頭就是亮點，反以失敗來反襯成功的可貴，讓人耳目一新，也容易獲得好的起跳分數。

有了好的開頭和結尾，通常就有一個不錯的起跳分數。接下來，最後能獲得評審滿意的文章，便在他中間的內容是否充實？是否這樣的文章有緊扣題旨？而最重要的是，評審會如何來論斷這篇文章。是否可能會符合他們所希望看到的，或是這篇文章是來自真心真意的表達，都可能成就一篇獲得評價不錯的文章。

解方 請你跟我這樣做

平常的寫作，可能首重在自己紀錄生活的一點一滴，或是情緒的抒發管道。那樣的寫作較那些因為考試或作業而寫的原因，來得更加輕鬆愉快。

其實，平常在寫作上，不需要太拘泥在固定的模式，可以大膽挑戰沒有人寫過的方式。諸如寫詩，我們可以寫平常看得到的散文詩、童詩，也可以用詩的文字化為圖案，變成一首圖像詩。也不必擔憂是否會寫得太過白話，或者用太花俏的技巧，因為有時從實際的演練中，我們才會發現有些東西是能夠放在考試所寫，有些是適合擺在平常寫作時應用。

❖換你來試試看

興之所至，隨手而寫，這樣的過程是愉悅的。接下來，是否你能用兩百字來作一些心情分享，不論是有趣的事、悲傷的事、有點難為的事也無妨，試著用筆寫出來。然後再與你平常的作文用字比較，是否你能看出什麼不同呢？

症狀47 投稿方式（社論、副刊……等）

寫完的作品，可以給誰看？在小的時候，我們寫完了可能先給家長看，檢查有沒有寫錯字，寫的內容是否適當？於是交出作業以後，看的對象可能是老師、同學。接著，我們會漸漸從他們標準裡，「寫得對的」變成「寫得好的」。

寫完的東西，可以擺放在抽屜裡，然後跟許多身邊的朋友分享。或者，你也可以跟老趙一樣，學著用筆這個世界溝通、說話。固然可以用獲得鼓勵作為寫作的其中一股動力，重點還是在寫作的初衷。

你為何而寫？在寫的當下，有什麼樣的感覺？是否可以宣洩情緒？是否能夠傳達情感？又是否，在寫的當下，有股幸福而滿足的滋味？這些感受，隨著年齡與寫作的經驗不同都會有所差異。祝福你，一直寫下去。

解方 請你跟我這樣做

一般來說，倘若要將作品給更多的人看到。投稿的方式是一種管道，而投稿的作品則是一種產品。我們要如何將產品推銷給專門在展示產品的人，就是要投其所好、對症下藥。

舉例來說，對方專門收的是社論文章，針砭時事，我們若投過去兒歌教唱也是對牛彈琴；若對方專收給學童觀賞的文章，結果投的作品晦澀難懂，也難受到編輯團隊的青睞。不過不論如何，要投稿的文章不可或缺的共通性就是——文章要寫得好，寫得通順！

接下來，若你還是學生的話，我們可從班刊、校刊這些專以刊登或鼓勵校內同學創作的園地為主，在此階段，也不妨多給老師們看過，請他們給予寶貴的意見。接著，則能投到地方縣市的學生刊物，或《國語日報》，並針對他們所徵求的文章類型與字數來核定是否符合規定。

接著，在創作有一定的成績或質量的話，則可以針對類型刊物投稿，例如詩的話可投於《創世紀詩刊》、《笠詩刊》等同仁詩刊，或可投至《幼獅文藝》等文學雜誌，也可以試著投去報紙副刊，不論是地方報紙還是全國大報。在剛開始這個階段切忌只以稿酬作為目的，而是要了解自己文章的水平大概在哪？身邊又有什麼樣的文章，可讓自己學習更上一層樓或者更確立自己的獨特型。

❖換你來試試看

親愛的同學，試著找出一～二篇自己最得意的文章，針對他的類型，上網找到符合的項目，然後打開電子信箱投出吧！

症狀48

想朝寫作之路持續邁進

親愛的朋友，你喜歡寫作嗎？

或者，是否你有時會拿起書本，看看裡頭寫著什麼，然後將情緒投射在裡頭，盡情地徜徉在文字書海裡面。

喜歡閱讀與喜歡寫作不一定畫上等號，但文字的魔力不管從什麼方向出發，都可以感動一個人，所以當你讀到興致盎然的時候，不妨就拿起筆塗塗寫寫吧！

解方 請你跟我這樣做

寫作在我們生活中，用各種形式存在著。寫作不一定只是單論出一本專書，可以是寫廣告或文案，透過文字讓人發現獨一無二的精神，勇於表現自我的優點。寫作也可以是寫一封文情並茂的情書、家書，或是一篇知情達理的商用書信。寫作還可以是教學文案，不論是寫教材，或讓學生知道自己在談的是什麼，都是要用清楚明瞭的文字。

倘若你也希望成為作家，必須要具備的就是耐得住「寂寞」，與持續寫下去的恆心。日本知名文學家村上春樹，將寫作視為日常生活的一部分，固定量產文字之外，還會藉由運動提升自己的體力以負荷這樣持久的工作。

若你想當一位作家，可以將寫好的作品跟想要分享的人分享，或是投稿至各大報紙副刊、詩刊、文藝雜誌等平面刊物或網路媒介，讓更多人知道自己的作品與名字，找到更多的喜好的相互討論。

你可以參加校內外的文藝社團，例如詩社、寫作會、讀書會等，或是參與文藝營，聽聽作家老師們的創作生涯與精神，更重要的是，有機會在那邊結識文學同好。

因為創作總是孤獨的，是不斷與自己對話的過程，與成長經驗的累積。祝福你，能夠找到創作的熱情、找到成長的痕跡，找到讓自己熱愛寫作的初衷，持續好好寫、寫下去。

【範文１】

校園秘讀會

後來，我開始把一張張發票夾進書裡；不在乎旁邊的眼光。由於放學以後，到補習班上課都還有些課餘時間，我會在這裡，吹吹冷氣，揀些五花八門的書來翻翻。在圖書館裡，有各式各樣的書種；從美妝雜誌來幻想自己，到學個幾句英文，或許哪天就會派上用場，也嚼嚼文學，看能不能文青些。那時，我以為這裡就是涵括所有知識的宇宙，本來都這樣認為的。

啪！

為了想重溫哈利波特，卻不知怎麼會被擺到第二層之高，只好用盡全力踮起腳尖想拿到那本書，卻意外勾到隔壁那本書，「害他跌倒」到地上。正蹲下把書撿起時，意外看到書裡的小紙條如雪絮般地飄出，我將它拾起，

「詩人。清單……」

在這些文字後頭，我開始找著他所標明的詩集們。滿臉狐疑，卻又充滿好奇，於是我找到那十幾本的詩集，意外發現翻閱的皺摺是幾乎看不出來；一致的是，有的裡頭用鉛筆為詩句寫了眉批，在書籍末頁的借閱卡都僅蓋一格。

於是我把他清單裡，那些還沒有借到的書，通通借走了。

一個禮拜期間，我把自己模仿成一位詩人，把詩譜在買了蘋果麵包的發票上，而我也實在好奇這位秘密詩人會怎麼回覆。

圖書館在課後會留下的人本來就屈指可數。我通常知道彼此，卻不認得彼此；因為我們也總是把臉埋在書裡。但當我把一張張的發票，夾進書裡時，我卻感覺那天好像圖書館的視線都緊緊地聚在我的手上。

那天一直等到七點晚飯時間，仍沒人去動那些詩集。於是，在百無聊賴又怕錯過自己認為最經典的邂逅時分，我不敢離開圖書館半步，只好亦步亦趨地來到雜誌區。

看著一位戴著眼鏡與厚重瀏海的中性男孩，似乎來到了詩集的櫃前。天啊！他左右觀望著，莫非他就是我期待相遇的文青嗎？他似乎發現我在看著他？我只好趕緊拿起左手邊隨便一本籃球雜誌。隨手翻開一頁，裡頭竟也夾張紙條：「宅男救星　你想要成為像林書豪的籃球高手嗎？週末球場見　我等你　林書豪的老師上」看到這紙條我簡直額頭快冒三條線……怎麼有人可以這麼「自我感覺良好」，即便邀約時間沒寫清楚，底下還真有人回覆：「下週六見　艋舺喬丹上」。

不僅如此，後來我一邊為了躲避他的視線，一邊翻著較少翻閱的書目裡頭，才發現都大有玄機。例如在史記裡，有人問國文問題，竟也有人解答那些國學難題；還有人把自己的相片放在原文小說裡，我正想笑他的可愛行徑時，看到她留下的ＭＳＮ，才發現竟是室友用網路美女的圖片來徵友。我突然發現到，在課餘時間，大家用紙條在館內進行如讀書會般的交流活動。

啪、啪。

貌似男孩的那女孩，她拍了拍我的肩膀，詢問這些紙條是我所寫的嗎？

我搖了搖頭，因為我們的秘密讀書會才正要開始呢。

【範文2】

MSN的青春手記

被《海角七號》感動落淚的N說：「到底在成長的路途，我們留下了什麼證據？」

你剛剛哼著「流浪記」，不經意將時間弄丟了。在很久以前，你有許多夢想寫在「未來」。時間卻也不拍拍你肩頭，在不經意中匆匆經過。你閱讀到日子在他人臉上摺過，直到自己到了鏡子前，配合幾次驚呼！

你就這樣毫無預警地長大，似乎不是在八歲時所期盼的十八歲那樣。於是你說好遺憾、好氣餒，在十七與十八的板塊運動，你想一直攜帶著的「期望」，太多的意外、以及出乎意料，讓你學會放棄和逃避。「投降放棄」總是比「面對失敗」簡單上千倍。

身旁的風景太過銳利，割破你的記憶，你連結了這座城市的改變與記憶底走過斑馬線時並肩姿態，趁著行人燈還是綠燈直達你胸口的那塊，那塊苦悶、空洞？

你說好像青春即將離你而去，既惶恐又帶有一絲排斥，你鑽進了藥妝店想找找制抑歲月成長的藥方，是否能讓時光短了一截。於是你閱讀起一尾尾游走的青春，偶爾大夥兒聚會圍成一圈，彷彿曾未消失。但那些如夢幻般的青春，就像摩天輪一樣，璀璨過後終要下車。就我們淋沐新的願景，勾撞原鄉，即使「寂寞」不斷地想要長大。好似共同的信仰，應答了久候的流浪；月光曬乾記憶的影子，故事又落腳在哪次錯過，我們便反覆規律地，在日益擴張的鋼鐵叢林裡，奔跑，奔跑！

原來，關於天真、仰望、渴望持續著發生。

N，你說你被海角七號的七劍客感動，說著那部戲的幽默時，螢幕前似乎看見你活潑舞動的姿態，你用著MSN想再進一步的和我多說一些多講一點，但是你不得而知我的表情。

你說想為自己的青春找點回憶，也想看見不同的人成長到底是作了什麼。

有些人比較熱血，暱稱總是「中華隊加油」，「拿金牌回家」，抑或唱著他們的特殊格調，寫成一行夏宇的詩，一行文字看來昂然挺立。又或者，作著備忘錄，提醒自己開學時間、活動日期，通知大家自己存在的證據。

N，我們的MSN暱稱不就合著一本「青春手記」。把每個時期的MSN暱稱記錄下來，不就是大家成長的回憶。他們作了什麼，而我們為自己作了什麼了嗎？

這時，你沉默了幾刻回應我：「^^」

我們彷彿相視而笑。

【範文3】
甜味時光

傍晚的火車上，公事包依舊盛裝下班後散不去的疲倦，在我的對面坐著一個黝黑的母親，帶著兩個小男孩、一個女孩，似乎有些吃力，但孩子們捧起麻糬齧咬，對面的母親也微笑地看著他們：「再搭一下子，我們很快就可以回到台北看爸爸了囉！」

原來是一簇鄉愁牽著家庭，邁向父親的懷抱。

食物是會儲藏故事的，列車持續行駛，一如時光之逆，遠方的烽火已然遠走，像著不斷溯流而上的回憶，那年的陽光是愉悅的金薯色，山谷和著開懷大笑。

有個故事是這樣說的：「兩個麻糬在某次相遇時，由於熱情地向著對方擊掌Give me fine！結果就把彼此的手，都給黏了起來。」這不單單寫出麻糬那軟Q又香甜的滋味，也象徵那花蓮人熱情的黏度。彷彿是從花蓮地景寫真冊的民國路、和平路所走出來的。

麻糬多選擇的口味，從傳統的芝麻、花生、綠豆、紅豆……等，上面還特別註明短短兩天之內食用的賞味期限，遵從手工與自然的他們，也絕不輕易使用防腐劑，這樣的經營模式或許在許多使用機器而大量生產的業者看來稍嫌保守，但拿到的人每吃一口，彷彿每口總是帶著雋永的深情，深情的鄉愁；總是猜想這麼好吃，怎麼會讓自己的舌頭遭遇酷刑，忍著擺在旁邊這麼久？於是便把這屬於後山的滋味，緊緊捧進自己的手心。這樣的麻糬後來也研發更多的滋味，譬如冰淇淋麻糬，咬一口Q彈的餅皮，沁涼的冰感部隊從舌尖裡，由緩至疾的集合、在大規模的散開，融化炎炎夏日的炙陽！甚至結合水果、紫米、以及素肉鬆，打破我們對於食物的萬種想像。

遮護的松林牠們攤開了手，是張會說話的臉，就像那母親輕輕撫觸孩子的手。側邊路過的海水，皺著年代的細紋，騷動、流動，匯集成歲月裡的洪流。他們嘴裡吃的麻糬，幾乎成了花蓮的代名詞。遙想創辦人就是從流動的攤子，起初僅為了肩起生計的重擔，沿街叫賣，後來一步一步地譜起花蓮的「麻糬傳奇」，匯流成在城市裡無數家連結的店鋪。

就像我們生活在這趟生命旅程，用各種姿態：駐足、展翅、輕舞、而飛揚。我想，我很知足、很幸福。

【範文4】

Hi! Manny

從WBC經典賽，棒球國手的經典表現，連帶著職棒回春，再加上史上資歷最顯赫——在大聯盟有555全壘打記錄的洋將曼尼（Manny）的加入，讓最近的關於曼尼，蓬鬆的辮子頭與頭巾是他的標準配備，他的「隨心所欲」與無厘頭是最可愛也是最讓教練頭痛的一點。曼尼天生的神力與過人的打擊天份，經常能在全場幾乎掀開屋頂的噓聲卻不腳軟，硬是把160公里的火球扛出全壘打牆外；但「勇於作自己」的他也經常得罪長輩，講求倫理的更衣室不時傳出他與其他球員發生口角，也曾經在大聯盟時期發生過還沒三出局，就把接到的球丟給觀眾，讓壘上的跑者紛紛跑回本壘；有或是明明要上場比賽，他還自顧地躲進「綠色怪物」的圍牆裡講著手機；那麼比賽時守備仍一邊聽著MP3應該也就算是小菜一碟了吧！

曼尼生於貧窮的多明尼加，他一出生時全家便已遷往紐約，但他卻是和許多拉丁美洲裔的人一樣，成為藍鳥的球迷而非在地的洋基。然而他的棒球生涯從高中就開始發光發熱，臂力和運動能力都讓眾教練與球探驚為天人，但對於他的評價總是「頭腦簡單、四肢發達」。也因此當他在大聯盟的選秀時，印地安人隊在第一順位的就指名他，飽受輿論的壓力。

也因為他的個性坦率，也有著許多奇聞異談，例如他在紅襪奪冠時會見美國總統，他不僅放了總統鴿子，卻在酒吧裡和那裡的客人看自己的隊友接受總統會面；另外，也曾經在拍賣網站拍賣自己在BBQ所烤好的肉。說到這裡，可別就以為他只是少條神經的球員，其實曼尼有著相當精明的商人頭腦，不僅很會利用吸血鬼經紀人波拉斯增加自己的價值，在幾次的交易後，甫將上一個地方的置產高價賣出，都獲得相當可觀的利潤。

似乎就是天生的明星，拉米瑞茲到哪裡都會成為焦點，從紅襪被交易到道奇之後，除了和托瑞神奇的相處模式，不僅改變道奇的公務員心態，也改變原本都是差一步就能進入季後賽的窘況。除了在那裡.396的恐怖打擊率，更不用提在季後賽裡瘋狂的安打、全壘打，帶領道奇衝往國聯冠軍賽。有時上場守備時，他發了瘋似的大叫「我的手套犯規了，任何球都會飛進我的手套裡！」引起觀眾發噱，甚至在休息室裡熱舞，活化那間休息室裡原本嚴肅的氣氛。

喜歡曼尼的球迷知道，他對於打棒球都是在「玩」著球，因此有時候我們可以看見他打球時充滿著樂趣與熱情，雖也由於他的特立獨行及有時大棒亂揮，讓許多緊遵「棒球教科書」的人所詬病。雖在紅襪後期，曾被報導寫為「毒瘤」，卻也對於多明尼加，那資源貧瘠的故鄉，奉獻不遺餘力。曼尼不僅資助建立了以自己為名的球場及棒球學校，也義賣自己品牌的酒。也因此，在多明尼加打著棒球的孩子，總總在洋基的卡諾（Cano）旁邊，也還是會擺著曼尼的海我們可以為了同個理由喜歡他或討厭他——曼尼就是那麼人見人「ㄞˋ」（愛／唉）。

【範文5】

如果有這個節日有多好？——便當節

便當節的由來

便當一詞源自於南宋時期，原意是「方便的東西」，指的是用盒子裝著飯菜，方便攜帶、節省用餐時間，又稱作「盒飯」。最主要通行的地區，是在以米食為主的亞洲。

便當節，可以訂在諧音「12、12」的12月12日，告訴自己要持續努力、前進。在我們的記憶裡，似乎都有便當默默在旁等候的存在。例如我們在念書的時候，往往快中午的時候肚子早已經非常餓了，有時還會把老師在黑板上寫的數字看成豆芽菜，寫的一個個方塊字認作一塊塊肉排，恨不得大口咬下。終於盼到宣告午餐時間的鐘聲，敲啊敲，那聲音彷彿是飄溢出來的飯菜香，充斥在教室與走廊。長大後，便當成為上班時最大的精神慰藉。期待著不一樣的便當菜色之外，當中午11點過後，更是恨不得拉起分針的腳，請它加快速度。

便當節可以這樣過

食物能夠儲藏故事，放進嘴裡的每一口，都代表著雋永的感情和土地的滋味。儘管現在便當愈做愈精緻，但重要的始終是，精緻包裝之內、一盒便當中所要傳達的情感，還有它在味蕾上一寸寸所建立起，那最經典的滋味——人情味。

在「便當節」這天，不僅每個人要親手下廚做便當，而且還要聚在一起，彼此分享裡面的菜色。月圓人團圓，便當節更要團圓，當彼此聚在一起分享便當、分享喜悅，就是新世紀最潮的事情。

當天會舉辦許多盛大的活動，其中最萬眾矚目的就是中午會頒發有「便當界的金雞獎」之稱的「金便當獎」。「金便當獎」比的不只是哪個比較好吃、哪個大家比較喜歡吃、還有有沒有對他下功夫去做這個便當。同時，下午還會有「便當傳情」的活動。例如，當你總是不好意思不知該如何開口說出對於親人的思念或是各種不知該怎麼說出口的感謝時，「骨肉相連」的排骨飯就是你的最佳選擇。如果收到

「雞腿飯」，千萬別洋洋得意收到了厚禮！它可能是象徵希望你學習「獨立」；但如果是兩隻雞腿，恭喜你！那代表友人想對你表白，希望共結連理；如果是三隻腿，啊……就是提醒花花公子別再處處留情啦。「素食便當」在這時候當然也不會缺席，它代表祝福對方身體健康、長壽平安。除此之外，小朋友也可以加入便當節，準備一個甜蜜的糖果便當，送給他們的「甜心好友」。

然而，夜晚是便當節的另一個重頭戲！

平時大家忙於工作與生活，不僅相聚困難，更常常忘了好好品嘗自己手裡的飯菜。人與人的距離像一條大鴻溝，明明就近在對方身邊而已，兩個人卻只是低頭猛滑手機。為了喚醒人情的溫暖，那天晚上不論是親人、同事、同學或是隔壁鄰居，大家都要聚在一起，感恩彼此一年來的付出，並帶著自己親手製作的便當，分享菜色也分享心情。

誰說難過時只能喝悶酒，獨自舔舐傷悲？我們可以藉由便當節光明正面的意義，互相打氣，吃飽飽的勇敢走下去。

【範文6】

一道菜，兩代情

在即將收假回到部隊的火車上，我汗流浹背地大口吃著母親精心準備的便當，都是最愛的菜色。尤其是那道「苦瓜鑲肉」。原來「苦到雲深不知處」的苦瓜，夾在肉裡，配合些許的香菇、蝦米的點綴，卻是格外清爽。這道菜不僅營養，還很下飯，但吃著吃著，竟掉下淚來，我蜷曲著背，發狂似的哭，不管身邊他人異樣的眼光，淚水漾在我眼底，自顧自的沉浸在那湖回憶……

還記得，第一次到國小的時候，我老是要牽著母親的手，每當她一離開視線，我馬上嚎啕大哭，但她也了解孩子終究必須獨立，只好忍著每次因我的哭泣而被錐疼著心，然後回到家後，即刻揮著汗準備孩子回來時享用的午餐。

還記得，總是在汗水淋漓的夏日，她做了一道「苦瓜鑲肉」，我當時還不知道什麼叫苦瓜，只天真以為怎麼釋迦長在黃瓜上頭，應該是很甜很甜的滋味，結果吃下去卻「叫苦連天」，整張臉難過的緊緊皺在一起。儘管那時的我很挑食，只喜歡吃香脆的金黃炸雞、還有喝下非常過癮又刺激的可樂汽水，但母親一次次耐著心告訴我，甚至連哄帶騙的，「不好好吃飯就會長不大、長不高，將來交不到女朋友」，甚至「虎姑婆專門喜歡吃偏食小孩的手指」，讓我把那些飯菜，硬是乖乖地吞下。

　　而我飛似的長大，似乎卻未深入她的皺紋道路裡去了解她；我們應該都懂，在這個年齡裡羞於表達的滋味，自己似乎也未曾好好說出一句感恩的話。因為怕情緒尷尬，便試圖用另一種方式——把她每次親手下廚的飯菜吃個精光，就算是討厭的苦瓜，也是用開水硬把它吞下。到後來竟也發現這道菜色的美味，而苦中帶甘的滋味更讓我難以忘懷，每星期定要吃個好幾次來解解饞。

　　一直到她得到了甲狀腺亢進，手會不由自主抖個不停，不能掌握鹽巴的擺放，更別提握緊著鍋鏟。於是展開我的外食生涯，可以經常性的選擇那些兒時的「夢想速食」，才發現吃不到濃濃「家的味道」。即便我的肚圍迅速地擴張領土，也讓我「速食般地棄守」油炸食物。最後，因為外頭便當的菜色，看不見對於子女的關愛，以及細心的營養調配，於是才真正開始想念那些母親親手烹飪的飯菜。

這段漂流的記憶，卻因這道菜色，翻越我的童年，重贍那些故事，那些曾因偏食，賭氣索性不吃，造成媽媽生氣的幼稚該怎麼彌補？我不知道要走多少路，要作些什麼，才能消退遺憾的最大值？

我在火車上，撥了通電話回家，接電話依舊是熟識的聲音。

「媽，我愛妳。」我忍著哽咽的鼻音。

「傻孩子，我早就知道了呀。在外頭你要多注意點，如果不舒服要跟上頭的人講，要乖一點……。」她仍忍不住那些思念的牽掛與擔憂而嘮叨了起來。

我想這次，距離答案，或許近了些吧。

【範文7】
興趣與功課

這是數學老師曾在課堂上分享的一則生活小故事，是關於他的那對準備在今年夏天上幼稚園的雙胞胎。

他很喜歡為他那兩位小男生洗澡，因為在那段完全融入在家庭的時間裡，他可以放鬆自己。但在那之前，他經常會遇到一個大難題——

他的小孩都非常討厭洗澡。

這對活寶，他們平常最喜歡的，就是玩耍。每次在好不容易把他們帶進浴室裡，要幫他們洗澡時，因為肌膚都軟綿綿的，他們害怕好像一碰水就會泡軟一樣，所以他們都會想盡辦法不洗澡。每次都要他跟師母不斷……用叫的、用抓的，把他們「放」進浴缸，才肯洗澡。

洗完澡以後，老師會給他們吃一顆糖果。每次在洗完澡，當他們都擦乾身體時。老師就會手拿著一顆糖，逗著他們問：「誰要吃？」

這時候見兩個孩子爭先恐後地舉手，搶著說：「我要！這是我的。」一旦當他立刻改口問：「誰要再洗澡？」

開始時，兩個孩子依舊搶著舉手，後來發現問題不太一樣，立刻又把手指快速指向對方說：「他要！」

直到有一天老師到了玩具店買了幾個可以在浴缸玩的小玩具，而那些小孩原本就很喜歡玩玩具，這讓他們在洗澡時，多了一些新樂趣。後來他再問：「誰要洗澡？」由於玩具的誘惑，加上雙方的競爭，後來就變成兩個小朋友就搶著要洗澡。

這讓我們想到一件事情：如果對某件事情有興趣，便可以加深學習的動力。就像孟瑤女士說的：「用習慣培養興趣，興趣支持習慣。」

這倒是讓老師他開始想實驗一件事，如果有天他只印一張考卷都班上，不要加印。讓他把考卷給有興趣的人寫，並問著每個同學說：「誰要這張僅有的考卷？」

結果，想當然的，沒有人願意接下這僅有的考卷。

他有些失望，而有些學生還用奇特的目光看著他。

他想，他會繼續努力，讓大家把算數學當作興趣。就算不是太容易的事，卻是他擔任數學老師時的畢生志願。

【範文8】

靈異手機

一大早手機鈴聲大作，把還黏在床上的我挖起來，一接起，竟是前老闆，他著急地問我前一晚發生了什麼事情，為何凌晨打給他三、四通電話？

我壓根沒進入狀況，但提出前一晚人在電腦前寫小說的「不在場證明」，便把一切推給了手機故障。因離開公司近兩年了，我倆遂在電話中互相問起近況。但在通話結束後，檢查去電顯示，真有三通電話是打給他！「或許是電話秀逗了吧。」當時心裡這麼想著。

不下幾秒以後，許多老同學也紛紛來電抱怨，說為何凌晨撥打電話給他們？許多同學還誤以為我改從事直銷業，開始主動聯繫那些久未往來的朋友。我直喊冤枉，但也藉著這個機會，重新恢復和許多朋友的交流。更奇妙的是，此舉竟間接促成下個月的同學會。

回過頭細想，愈想愈不對勁，一支手機竟無緣無故替我找回失落的朋友，雖是好事，但也太靈異，激起我無限的好奇。因此我決定，這一晚要盯著手機，看它如何在我監視下作亂！這天夜晚，我在電腦前打小說，奮戰一段時間後，感到異常疲累，忍不住趴下來休息。就在此時，一雙手抓住我的腳……

原來是還只會「咿咿——呀呀——」的外甥女爬過來，她不斷伸手跟我要手機。我把手機拿給她，她的手指便在螢幕上滑動起來。

真相大白！終於破解了「靈異現象」，那稚嫩小手，就是重新幫我接通和世界聯繫的「兇手」。

國家圖書館出版品預行編目（CIP）資料

寫作門診室 / 趙文豪著 . -- 初版 . --
新北市 : 斑馬線 , 2018.09
面； 公分
ISBN 978-986-96722-1-4（平裝）

1. 漢語教學 2. 寫作法 3. 中等教育

524.313 107012816

寫作門診室

作　　者：趙文豪
總 編 輯：施榮華
封面設計：MAX

發 行 人：張仰賢
社　　長：許　赫
出 版 者：斑馬線文庫有限公司
法律顧問：林仟雯律師

斑馬線文庫
通訊地址：234 新北市永和區民光街 20 巷 7 號 1 樓
連絡電話：0922542983

製版印刷：龍虎電腦排版股份有限公司
出版日期：2018 年 9 月初版
2018 年 9 月再刷
2022 年 8 月三刷
ISBN：978-986-96722-1-4
定　　價：250 元